ロジカル

A logical way of
making a great drink pairing

ペアリング

レストランのための
ドリンクペアリング講座

大越基裕

⟨ CONTENTS ⟩

Lesson 4　何より大事なフレーバー

Lesson 5　テクスチャーを深める

Lesson 6　温度をコントロールする

Lesson 7　日本酒とペアリング

Lesson 8　ナチュラルワイン

Lesson 9　テロワールとは何か？

Lesson 10　コースをどう組み立てる？

Lesson 11　ノンアルコールペアリングの基本

Lesson 12　ペアリングに必要な、「味わい以外」のこと

取材・構成　松本郁子

イラストレーション　若林 夏

デザイン　荒川善正 (hoop.)

編集　丸田 祐

◎この本について
・本書は、『月刊 専門料理』2021年8月号〜2022
年7月号にかけて掲載した連載「大越基裕のロジ
カルペアリング」をもとに、大幅に加筆・修正を加
えて編纂したものです。
・ドリンクや味覚に関する用語は、現在一般的に使
用されている表記に準拠しています。
・掲載している情報やデータは本書発売時のもの
です。

ロジカルペアリングとは何か?

こんにちは**大越基裕**です。
東京・外苑前の Ăn Đi というレストランなどで
ドリンクとサービスを担当しています。

フリーのドリンク・アドバイザー
としても活動しています

「ロジカルペアリング」とは何かを一言で説明すると、
料理とドリンクの「味わい」にフォーカスした
ペアリングテクニックのことです。
僕のお店では、常にこれをベースに
ペアリングを提案しています。

この手法を使い始めたのは15年ほど前なのですが、
その頃と比べると、ペアリングを導入するお店は
大幅に増えました。また、**料理のスタイルも**
ずいぶんと変わりました。

国境を越えた情報交換が
盛んになり、シェフたちは
今まで以上に柔軟に素材に向き合って
自分たちの**個性**を表現する
ようになっています。

すると、問題も生じてきます。
これまで常識とされてきた
ペアリングのセオリーが通用しない
ケースが増えてきたのです。

たとえばフランス・ボルドーで有名な
「仔羊のロースト」と
「ボルドー産カベルネ・ソーヴィニヨン主体の赤ワイン」の組合せ。
かつては定番中の定番でしたが、現代の仔羊料理の中には、
他の産地のワインや他のブドウ品種、もしくは
日本酒のほうが合う料理もめずらしくありません。
つまり、**テロワールや伝統のみに**
基づいたペアリングでは、
料理とドリンクの相性を語りきれなく
なってきた、ということです。

MANY COMBINATIONS

そうした時代に対応し、
一歩踏み込んで料理の魅力を引き出すためには、
味わいにフォーカスするロジカルペアリングは
大きな助けになるはずです。
料理とドリンクの関係に論理的にアプローチするので、
基本的な考え方さえ身につければ
どんな料理にも、どんな飲料にも
応用が可能です。

Let's enjoy!

具体的にこれまでのペアリングとどう違うのか？
12の章を通して紹介していきましょう！

Lesson 1

ロジカルペアリングを学んでいく

何よりも味わい重視のペアリング

　ロジカルペアリングのもっとも大きな特徴は、「料理の味わい」ありきの点です。「素材」よりも「調理法」よりも、それらを総合した「料理」の味わいに注目し、どんなドリンクと合わせればよいかをシンプルなロジックで整理していきます。

　中でも重視するのは、料理とドリンクの「重さ」。そして、口中と鼻で感じ取ることのできる「五味（※1）＋刺激（渋みと辛み）と油脂」「フレーバー」「テクスチャー（歯ごたえ、とろみ、ヴォリューム感、温度）」など。従来のペアリングで頼ることの多かった、料理とドリンクの地方性による結びつきなどは、重要度として味わいの次です。

　ペアリングにおいては、調理科学の世界でよく言われる「味わいの相互関係」だけでは表しきれない重要な相互関係が一部存在しています。そこで、ペアリング用にわかりやすくした味わいの相関図と、ペアリングで活用する機会の多い味わいの相互関係を14〜15ページにまとめました。本書を通じて、この図を基本に考えていきます。ただし、ここに示したのはあくまでも“基本”。実際のペアリングはより複雑ですべてを図示できるわけではないということも覚えておいてください。

　ではさっそく、ペアリングをはじめるにあたって知っておきたいポイントを見ていきましょう。

※1
ここでいう五味は、塩味、甘味、酸味、苦味、旨味の基本五味のこと。

ペアリングにまつわる5つのポイント

I. 味の組合せ効果

　味には組合せによって相手を高めたり抑えたりする効果があります。代表的な例は、

・スイカに塩をふりかけて塩味で甘味を強調する「対比効果」
・酸味が脂っぽさを抑える「抑制効果」
・かつお節と昆布などの合わせだしで旨味同士が高め合う「相乗効果」

など。

　また、ケーキを食べた後にオレンジジュースを飲んで、「酸っぱい！」と思ったことはありませんか？　これは「変調効果」と言い、異なる2種類の味を続けて味わった時、後で食べた味が変わる効果です。塩をなめてから水を飲むと甘く感じるのも同じで、変調効果は使い方によってポジティブな場合もネガティブな場合もあります。

　ペアリングでは「甘味、旨味、酸味、苦味、塩味」の五味と、「渋み」「辛み」の刺激、フレーバー、テクスチャーと温度、料理の油脂分、ドリンクのアルコール分も含めて、よりおいしい味の組合せを考えていきます。

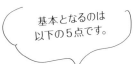

基本となるのは
以下の5点です。

2. 酒の味わいと世界観

　ワインや日本酒といったドリンクには、種類ごとにおおまかな味わいの傾向があります。また、すべての飲み物にアロマやフレーバーの重要性は欠かせません。

　ワインは酸味や渋みが目立ち、きゅっと口中が引き締まる「タ

イトな世界」が基本。日本酒は甘味と旨味が豊かな「ソフトな世界」。焼酎は五味由来の味わいがほとんど無く、フレーバーがもっとも重要な味わいである「透明な世界」と言えます。それぞれの飲み物が持つ味わいの世界観は、そのままペアリングの多様なスタイルにつながります。

　これらの感覚を持っていると、同じ料理でも「どう食べてもらいたいか」によってドリンクのチョイスを変えたり、コースの中でさまざまなペアリングのスタイルを表現でき、ペアリングの満足度を高めることができます。

ワインは
タイトな世界

日本酒は
ソフトな世界

焼酎は
透明な世界

3. 広い意味では味わい＝フレーバー

　本書では、「口中で感じる香りやその影響を受けた味わい」を「フレーバー」や「風味」と呼びます（※2）。

　フレーバーはただ香るだけでなく、口中でそのイメージに近い味わいを強めることができます。たとえば、中が見えないグラスに、フレッシュなベリーの香りを感じるワインと、十分に熟したベリーの香りを感じるワインをそれぞれ入れて香ったとします。熟した香りのワインは、飲む前からすでに「少し甘いかも」というイメージがつくでしょう。

　実際に飲んでみます。2つのワインは糖度やアルコール度数、酸味や渋みが同程度だとしても、ほとんどの人は、香りをとった時の印象と同じように、口中でも感じる果実のフレーバーによって、前者よりも後者を「甘い」と感じるのです。

　柑橘やハーブの香りがさっぱりとした味をイメージさせたり、キャラメルのような熟成香が味わいにコクをプラスするなどもよくある例です。フレーバーは、上手に使うと新たな風味のハーモニーを生みだすこともでき、とても魅力的なペアリングとなります。

※2
フレーバーについては、「Lesson4 何より大事なフレーバー」を参照。

4. テクスチャーとヴォリューム感

　料理は、素材の噛みごたえやソースの粘度など、さまざまなテクスチャーを持っています。ペアリングでは、これをドリンクのヴォリューム感（※3）やストラクチャー（骨格）の強さと合わせて考えていきます。たとえば噛みごたえのあるステーキであれば、ワインもタンニンのしっかりした、骨格の強さがあるものを選びます。ワインのタンニンで収斂した口中のバランスを、肉を咀嚼する際に出る肉汁や唾液でもとに戻すことができるからです。日本酒の場合は、ワインのような骨格の強さがないので、甘味や旨味、アルコール分で料理と同等のヴォリューム感になるように合わせます。

　また、とろみのあるソースは口中にまとわりつく量が多くなる＝重くなるため、ワインも日本酒も凝縮感のあるものを選ぶ必要が出てきます。さらに、"甘さやコクの強さを思わせるフレーバー"が口中に残るタイプのドリンクを選ぶことで、ソースのヴォリューム感との相性がよりよくなります。

※3
ドリンクのヴォリューム感は、ワインを口に含んだ時に感じる「重さ」、つまり密度や粘性に起因する満腹感を指す。アルコールの強さがもっとも重要な要素。詳しくは「Lesson5 テクスチャーを深める」を参照。

5. 「おいしい」を作るその他の要因

　広い意味での「味わい」には、食事をする環境（温度、照明、同席者との関係、スタッフとのやりとりなど）、生理的状態（のどの渇きや空腹具合、リラックス度合い、体調の良し悪しなど）、情報（シェフからのメッセージ、素材やドリンクの産地や生産者の情報、地域の風土や歴史のストーリーなど）も含まれます。これらは「おいしさのバックグラウンド要因」と呼ばれます。ペアリングにおいては、「情報」の部分が、口や鼻で感じるだけではない、味わいの次のステップの要素になります。

　また、店の価格帯などに合わせてドリンクの「クオリティレベル」を考えていくことも「おいしさ」を提供する上で大切ですが、この話は、また別の章（※4）でお話します。

※4
「Lesson5 テクスチャーを深める」、「Lesson12 ペアリングに必要な、『味わい以外』のこと」を参照。

次は、ペアリングの具体例です

肉料理と味わい重視のペアリング

Case 1
仔羊のローストと
クラシックな赤ワインソース

フランス・ボルドー地方でよく食べられてきた料理です。ボルドー地方産のような、渋味のしっかりしたタイトな（締まった）テクスチャーのカベルネ・ソーヴィニョンが合うと考えられます。理由は、よく使用されるキャレ・ダニョー（仔羊の背肉）は油脂分の多い部位で、その油脂分をカベルネ・ソーヴィニョンのタンニン由来の渋みが中和することで、料理とドリンクのバランス（重さ）が合い、双方の味わいが活かされるからです。また、赤ワインを使ったソースの酸味とカベルネ・ソーヴィニョン特有のフレッシュな酸味とが同調しますし、仔羊のローストにはローズマリーやタイムなどの香草を使うことが多いので、カベルネ・ソーヴィニョンの特徴であるミントを思わせるフレーバーとの同調的なハーモニーも楽しめます。重要なのは、「油脂分」「渋み」「酸味」「風味」といった、料理とドリンクの「味わい」でペアリングを考えている点です。伝統的なテロワールに基づいた組合せが、実は味わい的にも理にかなっていたことが分かります。

Case 2
レモングラス入り
スパイシーラムつくねの炭火焼き

「素材の風味は豊かだが、それほど重くない」タイプの料理です。炭火焼きにした粗挽き羊肉のつくねは、噛んでいくうちに肉の油脂や旨味といった風味に加え、レモングラスやスパイスのフレーバーも出てくるでしょう。しかし、「仔羊のロースト」のような強い歯ごたえや、ソースをかけたような口中にまとわりつく油脂の重さはありません。そのため、タンニンが柔らかく、ややジューシーなワイン、凝縮感があるけれど骨格の強すぎない赤ワインがよく合います。

また、肉の旨味に釣り合うだけの旨味があれば、穀物やナッツのような風味を持つ日本酒を燗酒で、という選択肢も出てきます。燗にすることで酒の熱で肉の油脂分が穏やかになり、重さのバランスがとれ、それにより双方の旨味の掛け合わせとフレーバーのハーモニーをより明確に楽しめます。

Case 3

甘辛くスパイシーな調味料に
漬け込んで焼いた
スペアリブ

「仔羊のロースト」と同じように、重さの要素が多い料理です。違いは、肉の油脂分に加え、甘味やコクが強い点。甘味やコク、さらに漬け込まれた肉のとろみは、「重い」だけでなく、口中に「広がる」味わいです。

ワインを合わせるのであれば、料理の重さを中和するためタンニンが豊富で、同時にアルコール分や凝縮感が豊富なものを選びます。これによりワインのヴォリューム感や重さを感じるので、料理の味わいの方向性と一体となります。スパイシーな側面や熟成のニュアンスがあるワインだと、風味の相性も一段とよくなります。

また、日本酒の熟成酒を常温からぬる燗で、という選択肢もあります。熟成していない酒では料理に負けてしまいますが、熟成酒のメイラード反応由来のキャラメル様の香りはスパイシーな料理の風味と相性がよいですし、味わいにコクを感じさせることもできます。また、旨味や甘味は冷やや燗よりも常温やぬる燗の温度帯でもっと強く感じられるため、料理とのバランスが合ってくる、というロジックです。

Point 　　　味わい重視のアプローチであれば

☞ 料理のジャンルを問わず、論理的にドリンクを合わせることができる

☞ テロワールのセオリーから離れた、新しい味わいを提案できる可能性がある

☞ ワイン、日本酒、焼酎など味わいの守備範囲が違う酒を
　制限なく用いて、着地点である「おいしさ」の振り幅を広げられる

結果として、満足度の高いペアリングが提供できる

ペアリングでよく使う味の関係チャート

ペアリング用にわかりやすくした味わいの相関図です。

図中の矢印の向きは、**ドリンクから料理への影響**を示します。

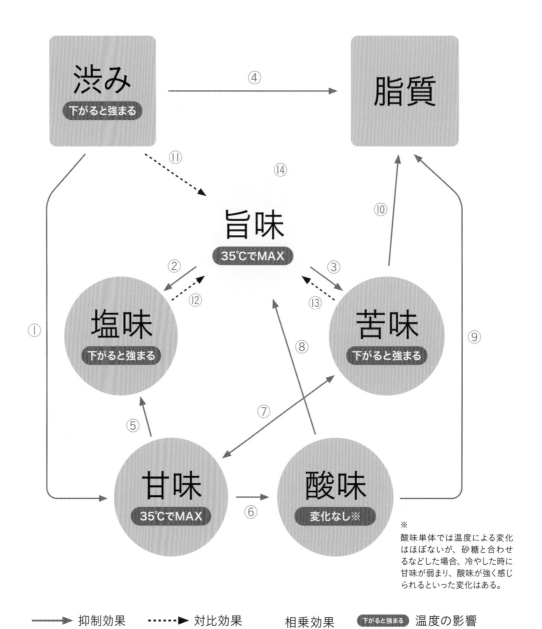

[ドリンクペアリング版、味わいの相互関係]

① **渋み→甘味**：ドリンクの渋みは料理の甘味を和らげる。赤ワインの渋みと甘露煮の甘味の関係。抑制効果

② **旨味→塩味**：旨味は塩味を和らげる。旨味の強い日本酒と塩気の強い塩辛の関係。抑制効果

③ **旨味→苦味**：旨味のある日本酒は山菜やアワビの肝のような苦い料理の苦味を和らげる。抑制効果

④ **渋み→脂質**：ワインのタンニンが料理の脂質を中和する、カベルネ・ソーヴィニヨンと
　　　　　　　　仔羊の背肉のロースト、オレンジワインと揚げ物のような関係。抑制効果

⑤ **甘味→塩味**：ドリンクの甘味は塩味を和らげる。日本酒の甘味は塩辛の塩分を緩和させる。抑制効果

⑥ **甘味→酸味**：甘味は酸味を和らげる。日本酒の甘味と酢の物の関係。抑制効果

⑦ **苦味→甘味**：苦味は甘味を和らげる。コーヒーとチョコレートの関係。抑制効果
　　甘味→苦味：甘味は苦味を和らげる。旨味と同じように甘味の強い日本酒と
　　　　　　　　山菜やアワビの肝のような苦味のある料理の関係。抑制効果

⑧ **酸味→旨味**：酸味は旨味を和らげる。シェリーの酸味とコンソメの旨味の関係。
　　　　　　　　抑制によりバランスをとる形で、⑫の塩味→旨味の関係と同じように
　　　　　　　　和食にワインが合う理由ともなっている。抑制効果

⑨ **酸味→脂質**：酸味は脂質を和らげる。ピノ・ノワールと脂質の少ない鶏料理の関係。抑制効果

⑩ **苦味→脂質**：ドリンクの苦味は脂質を和らげる。苦味を感じさせるワインはそれが口中でグリップとなり
　　　　　　　　料理の脂質を軽減させる。抑制効果

⑪ **渋み→旨味**：ドリンクの渋味は旨味を引き立てる。オレンジワインと和食(だし)の関係。対比効果

⑫ **塩味→旨味**：塩味は旨味を引き立てる。シェリーやヴァン・ジョーヌの塩味とフォーのだしの関係。
　　　　　　　　対比効果

⑬ **苦味→旨味**：苦味は旨味を引き立てる。ビールの苦味と揚げ物の旨味、白ワインの苦味とウニの旨味の関係。
　　　　　　　　対比効果

⑭ **旨味の相乗効果**：グルタミン酸とイノシン酸やグアニル酸を組み合わせると、旨味が飛躍的に
　　　　　　　　　　強く感じられる。昆布だしとかつお節の関係など。ドリンクペアリングでは
　　　　　　　　　　日本酒などのグルタミン酸と料理のイノシン酸の掛け合わせが考えられる。

実際のペアリングでは、
さらにフレーバー、アルコール分、
凝縮感、テクスチャー、
ボリューム、温度なども考慮して、
総合的にもっともよい形を
模索します。

はじめの一歩は
「重さ」から

料理の重さ、ドリンクの重さ

Lesson1でのペアリング例で何度か出てきたのが「重さ」という言葉です。ドリンクペアリングは必ず、料理とドリンクの重さを揃えるところから始めます。

そもそも、料理やドリンクにとっての重さとは何でしょうか？　料理の重さを作るのは、第一に「油脂分（脂質）」。素材が含む油脂や、調理で加わる油です。それから、「旨味」や「甘味」。さらに、ソースなどの「粘性」が高ければそれも重さの要因となります。

では、ドリンクの重さは何によって作られるのか。大きな要素は、「甘味」「旨味」「アルコール分」です。その他、「凝縮感」や「にごり」も重さに貢献しますし、甘味を感じさせる果実の「フレーバー（※1）」も重さの後押しをします。

料理の重さに対して、ドリンクが重すぎても軽すぎてもダメです。両者の重さを揃えることで得られる一体感が、ペアリングの土台。そのうえで風味やテクスチャーのハーモニーや一体感を作り込み、完成度を高めていくのです。

※1
フレーバーについては、「Lesson4 何より大事なフレーバー」を参照。

Pairing Venus

重さを揃える ～日本酒の場合～

　ひと口に「重さを揃える」と言っても、日本酒とワインとでは基本的にドリンクとしての性質が異なるため、重さの揃え方も違います。まず、日本酒の場合です。

　例として、天ぷらと日本酒の重さを合わせてみましょう。まず思い浮かぶのは、旨味がほどよく豊かなタイプの酒を常温で。常温の日本酒は甘味、旨味が強く感じられやすいため、天ぷらの油脂分に対峙できる重さがあります。料理が持つ重さと同等の重さで「同調させる」、これが日本酒のペアリングの基本です。

　天ぷらをさっぱりと食べたい方は、「ドライな口あたりの端麗辛口（※2）は合わないの？」と思うかもしれません。しかし、端麗辛口タイプの日本酒は、重さの要素となる甘味、旨味が少なく、料理の油脂分を中和するだけの酸味や渋みもないため、天ぷらの重さに負けてしまいます。

　ただし、本醸造酒（※3）であれば、日本酒特有のヴォリューム感がありながらアルコール添加による辛口のキレもあるので天ぷらの油脂分に負けずに楽しむことができます。また、ぬる燗に向くような日本酒も熱で料理の油脂分が穏やかになり、重さのバランスがとれます。また、どのスタイルの日本酒も風味に穀物様のニュアンスを持っているほうが、香ばしい揚げ物との相性はよりよくなります。

※2
日本酒の淡麗とは「すっきりして軽やか」、辛口とは「甘くない味わい」を指す。

※3
精米歩合が70％以下の米と麹に醸造アルコールを添加した日本酒。醸造アルコールの添加量は、原料に用いる白米の総重量の10％未満。より香りが華やかになり、基本辛口になる。

重さを揃える ～ワインの場合～

　ワインはデザートワインを除き甘味が少なく、旨味も少なめで、アルコール度数もそう高くありません。しかし、日本酒にない豊富な「酸味」や、赤ワインやオレンジワインであればタンニンの「渋み」があるため、口中に残った料理の油脂分（重さ）を「**中和**」でき、その結果、油脂の多い料理とでも重さを揃えることができます。また、樽香や果実のフレーバー、凝縮感などで、重さを補助することもできます。

　たとえば、ドレッシングのかかったサラダを考えてみましょう。野菜そのものは油脂分をほぼ含みませんので、油脂量の少ないドレッシングであれば、白ワインが持つ「酸味」程度で十分に油脂を中和できる場合が多いでしょう。しかし、料理がアナゴのフリットだったらどうでしょうか？　素材（アナゴ）自体が油脂を多く含み、さらに揚げてあるので、白ワインの酸味だけでは弱すぎます。すると、油脂を中和するもう一つの要素として、「渋み」を持つオレンジワインや赤ワインが選択肢に上がる、という流れです。

Column

カレー風味のソースなら？

　実際のペアリングでは、重さ以外の要素も考慮に入れて組み立てることになります。上記のアナゴのフリットでも、ソースのフレーバーによって、ドリンクの選択肢が変わってきます。

　前提として、アナゴの土っぽいフレーバーには、赤ワイン、オレンジワインのどちらでも合いそうです。添えるのが煮詰めたバルサミコ酢のソースであれば、ベリー系のフレーバーを持つ赤ワインがよいでしょうし、鮨のツメのような醤油ベースの甘辛いタレであれば、ボルドーの赤も合います。

　では、カレー風味のソースの場合は？　ソースのスパイシーなフレーバーと、茶葉やアプリコット、酸化的なナッツ様のアロマを伴ったオレンジワインのフレーバーとのハーモニーのほうが、赤ワインよりもおもしろいのでは、という世界が見えてきます。

　これが、重さの次の段階である「フレーバーの相性」です。詳しくはLesson4で取り上げます。

ペアリング作成における５つのテーマ

　「重さ」について説明する中で、いくつかのキーワードに気づいた方もいるのではないでしょうか？　それは、私が「５つのテーマ」と呼んでいるものです。

　重さを考える上でとくに重要な「中和」と「同調」。料理の重さや温度とも関わりが深い「テクスチャー」。味わいの組合せによる対比効果や、新しい味わいのバランスの構築などを意味する「五味」。そして料理とドリンクの相性を考える上で欠かせない「フレーバー」は、さまざまなハーモニーを生み、新たなおいしさを引き出したりもします。

　ペアリングを考える時、私はこれら5つのテーマを常に考えています。5つのテーマををどう使うか、優先順位を考えながら、その料理とドリンクにしかない余韻を生かした、一体感のある味わいを作る。それが、ペアリングのゴールです。

5つのテーマは
それぞれ関係し合っています。
すべてのテーマを同時に考えながら
ペアリングのバランスを
とっていきましょう。

同調	主に味わい（五味）の同調を指す。とくに酸味、甘味、塩味、旨味は、ドリンクと料理で同じ味を合わせることで、まとまりのある味わいが生まれる。同調で生み出す一体感は、ペアリングにおけるもっとも理解しやすい表現の一つであり、相乗効果を引き出し、余韻も引きのばしやすい。また、味わいの重さを揃える作業においても、甘味や旨味が味わいの主体である日本酒の場合は、料理の重さに対し、「同調」効果で重さを揃えることが可能。　▶ 22ページへ
中和	突出したある一つの味に対して、抑制効果を生みだす別の味とのコントラストでバランスをとる方法。もっともよく使うのは、料理の油脂分にワインの渋みや酸味を合わせ、油脂分を抑制（中和）して料理とドリンクの重さを揃えるとき。また、甘味のある日本酒で塩味の強い塩辛の味わいを抑制することで、バランスのよいコントラストを作るのも中和の一つ。 ▶ 23ページへ
五味	料理の余韻に対して、ドリンクで補完するように味わいを差し込んだり、補佐するような方法。代表的な例が、塩気と旨味が主体の和食の余韻にワインで酸味を加えることで、新たなバランスの味わいに変化させる手法。また、オレンジワインの渋み、一部の白ワインの苦味や塩味が料理の旨味を対比効果として引き立てたりすることも、五味のテーマに基づいた考え方。　▶ Lesson3へ
フレーバー	同じ系統同士の香りを合わせることによる一体感や余韻の伸び、あるいはハーモニーによって生まれる新たなフレーバーなど、ありとあらゆる可能性を秘めたテーマ。また、醤油にかつお節をかけて食すホウレンソウのおひたしにはベリーのような風味の軽い赤ワイン、同じものに塩ポン酢とユズの皮をかけるなら、柑橘系の香りのする白ワインといった「同じ傾向のフレーバーの相性のよさ」は感覚的に多くの人が感じるもので、他にもさまざまな組合せの妙が存在する。　▶ Lesson4へ
テクスチャー	硬さ（柔らかさ）をはじめとした質感を意識してペアリングする方法。代表的な例は、柔らかくとろみのある（口中で味が広がる）煮込み料理に、果実感のある（甘く広がりを感じる）ふくよかなワインを合わせるといった、似たテクスチャーの料理とドリンクの組合せ。または噛みごたえのある肉に渋みのしっかりとしたワインを合わせて「テクスチャーの強さ」を揃える例など。ワインと日本酒はテクスチャーの世界観が大きく異なるため、アプローチに大きな違いが生じる。　▶ Lesson5へ

味わいの一体感 ～同調のペアリング

　同調のペアリングには、基本的な考え方が2つあります。一つは、料理の油脂分に対して、ワインの凝縮感やボディ、日本酒の甘味や旨味、デザートワインの甘味などを合わせて重さのバランスを揃えるというものです。

　もう一つが、料理の酸味とドリンクの酸味、料理の塩気とドリンクの塩気など、同じ味わいを重ねることによる同調効果を活用するというもの。一体感が増すペアリングとして、よく使用します。

　たとえば、柑橘類のヴィネガードレッシングを「グリーンサラダ」にかける場合と、「白桃と海老のサラダ」にかける場合を考えてみます。ドレッシングは同じでも、それぞれのサラダの甘味の強さや重さは違いますから、ドリンクの選択肢も変わります。この場合、ドレッシングのフレッシュな酸味に合わせてドリンクも酸味を主体に考えながら、ボディの強さで重さを揃えていきましょう。

　前提として、料理の油脂分や甘味が少ないほど「軽い」ドリンクが、多いほど飲みごたえがある「重い」ドリンクが合います。そこで、油脂分や甘味の少ないグリーンサラダにはライトでフレッシュな酸があるドイツの低アルコールのリースリングを、甘味の多い白桃と海老のサラダには果実感と酸味がしっかりしたアメリカのシャルドネを合わせます。すると双方とも酸味の同調感を得られるのに加え、重さのバランスも取れたペアリングとなるのです。

　同じ料理に日本酒を合わせる場合は、そもそも甘味や旨味といった「重さ」の要素が多いので、どれだけ軽やかでフレッシュ感のあるお酒を用意できるかがカギです。夏酒のように甘味と旨味の両方を少なくした軽快な飲み口のものや、酸味によってフレッシュ感を出したもの、低アルコール酒などライトな造りのお酒も増えていますし、0℃以下まで温度を下げ、「冷たさ」によるフレッシュ感でさらに軽快にすることもできます。

　日本酒の場合は「口内調味」という、料理とお酒を一緒に口内で合わせて楽しむペアリング方法もあり、日本酒がまるでソースとなったような味わいの一体感や新たな風味が楽しめます。

日本酒やナチュラルワインは旨味が豊富なので、旨味の同調による相乗効果を狙ったペアリングでもっとも活躍します。

味わいのコントラスト 〜中和のペアリング

　中和のペアリングは、料理の油脂分にワインの渋みや酸味を合わせ、抑制効果によって油脂分を中和して料理とワインの重さのバランスを整えるのが基本的な考え方です。たとえば、和牛のロース肉を焼いて、そのジュをソースにするとします。肉の油脂分だけでなく、ソースにもある程度の油脂分と凝縮感がありますね。すると、ドリンクも料理全体の油脂分を中和することができるくらいの強めのタンニン、もしくはテクスチャーに合うような凝縮感や厚み、ボリューム感があるものを選んで、油脂の重さとのバランスをとる必要があります。

　逆に肉を薄切りにして焼くことでひと口に入る油脂の量を減らしたり、ソースに酸味を持たせることで肉の油脂分を中和するなどして、料理の中で「重さ」を減らせば、ピノ・ノワールのような軽さのワインと合わせることも可能となります。これはドリンクに料理を合わせていく考え方ですが、中和のペアリングで重さを揃える一つのケースとなります。

　温度による「中和」もあります。ステーキと日本酒の組合せなら、旨味が主体で甘味は少ないタイプの純米酒のぬる燗をお燗にして提供するのがよいでしょう。お酒の温かさで肉の油脂分を中和し、旨味も最大限に感じられるため、肉の旨味との相乗効果も同時に生まれます。さらに、シリアルやナッツ系の香りを持つお酒であれば、香りからもハーモニーを作り上げることができます。

　もう一つ、中和のペアリングには、突出したある一つの味に対して、抑制効果を生み出す味をぶつけて、コントラストのあるバランスを作り上げるという考え方もあります。たとえばお酒のアテとなるような塩辛や酢の物は塩味や酸味がしっかりしています。これに甘く、旨い日本酒を合わせると、料理の塩味、酸味がほどよく抑えられ、コントラスト豊かな新しいバランスのおいしさが生まれるのです。

五味のペアリング

理想的かつ創造的なペアリング

　「塩味、甘味、酸味、苦味、旨味（うま味）」を指して、基本五味といいます。これらの5つの味の間には、14ページの「ペアリングでよく使う味の関係チャート」で紹介したように、**対比効果**（異なる味が合わさった時に、一方の味が強められること）、**抑制効果**（異なる味が合わさった時に、一方または両方の味が弱められること）、**相乗効果**（同じ系統の味を合わせた時に、その味が一層強調されること）といった関係性が成り立っています。

　お互いに影響を与え合う五味の特性を生かして、料理とドリンクの味わいを同調させたり、補完したりする手法を、僕は「五味のペアリング」と呼んでいます。

　我々が食べて「おいしい」と感じる料理は、多くの場合バランスがよく、かつ味わいの余韻に何らかの特徴があります。そうした料理に対して、ドリンクの味わいによって余韻を補完・補佐し、より特徴的な、新しい味わいのバランスを生み出すこと。またドリンクの塩味や酸味、苦味などで料理の旨味などを強調して、対比効果的な味わいを表現すること。こうした、味わいのバランス自体にフォーカスした組合せが、五味のペアリングの真骨頂です。

　料理がもともと持つ味わいの魅力プラス、ドリンクがあるからこそ楽しめる、まったく新しい味わいの世界。五味のペアリングはある意味で、理想的かつ創造的なペアリングと言えるでしょう。

サンマとスダチは五味のペアリング

脂ののった
サンマの塩焼き、
まずはそのまま
いただきましょう。

次はスダチを搾って…。
これもおいしい！！
旨味、塩気、酸味の
バランスがたまりません。

この、私たちがふだん
何気なくやっている
「料理に酸味を差し込む」という行為。
そのまま食べてもおいしい
サンマの塩焼きや小籠包が、
ひと搾りのスダチや黒酢によって
別次元のおいしさに
なるんですよね。

五味の基本は「酸味の差し込み」

　和食や中華には、旨味と塩味でバランスが成り立つ料理がたくさんあります。和食でいうと、サンマの塩焼きなどは、まさに好例です。そしてサンマの塩焼きにスダチを搾ると、おいしさがグッと増しますよね。これは、「旨・塩」の世界に"酸味を差し込む"ことで、「旨・塩・酸」という新しいおいしさのバランスを生み出しているからです。トンカツをソースではなく塩とレモンで食べるのも、広東風の塩味のあんかけ焼きそばに酢をかけるのも同様です。

　ワインもまた、この酸味の補佐の役目をします。それによって、

実はこれ、ペアリングでも応用できます。その名も「五味のペアリング」。Lesson1で紹介した、ペアリングの五味の相関図を振り返るときがやってきました！

基本は「旨・塩・酸」

今日も元気に差し込もう！

ペアリングでよく使う味の関係チャート

渋み → 脂質
↓ ⇢ 旨味 ↗
塩味 ← 苦味
↓ ↗
甘味 → 酸味 →

→ 抑制効果　⇢ 対比効果
○ 相乗効果

ふむふむ

味わいが新たなバランスに昇華していくのです。もちろん、料理とワインの重さは揃っている必要がありますし、フレーバーの要素が関わると、よりよいペアリングになっていきます。

　もともと、和食や中華は西洋料理に比べて「旨・塩」のバランスが強調された料理が多く、「酸」を差し込みやすいジャンルです。とくに和食は柑橘を搾って食べる品が多いことからもわかるように、酸味と好相性。ワインの酸味がそこにピタッとはまり、「旨・塩・酸」のバランスが際立ちます。この相性が広く知られることで、「和食とワインは意外と合う」ということになったんですね。これは日本酒の世界にも派生していて、日本酒と和食のペアリングで主流の「旨味と旨味の同調」や「甘味・旨味と塩味の中和」に加えて、近年、酸味のある日本酒（※1）で酸を差し込むアプローチを見かけることも増えました。

※1
酵母の選択、酒母の作り方、発酵温度などさまざまな理由によって生まれる、酸味のある味わいが特徴的な日本酒。

酸味の差し込みは
どこにフォーカスとすると効果的か

　酸味を差し込む際は、料理の「旨・塩」に対して、強さの合ったバランスのよい酸味のドリンクを合わせることを意識します。僕の店では、鶏のだしに魚醤を加えたフォーのスープに、ヴァン・ジョーヌ（※2）を合わせることがあります。ヴァン・ジョーヌ特有の塩味でスープの旨味を対比効果的に強調させるというアプローチです。ヴァン・ジョーヌの酸味とスープの旨味のコントラスト、その後に続く旨酸っぱい余韻がとても印象的な組合せとなります。

　ところで、フォーのスープは熱いですね。ここにテクスチャーを合わせるなら、ドリンクも温かくしたいところです。しかしワインは温度の許容範囲が狭く、ヴァン・ジョーヌの場合は上げたとしても16℃程度まで。その点、日本酒なら料理に合わせて温度を調整しやすく、旨味の相乗効果を狙うこともできます。

　実際、旨味の強いフォーのスープに、生酛・山廃（※3）など「旨・酸」の強い日本酒をぬる燗で合わせるのはとてもいいアイデアです。料理とドリンクの温度感が揃うことで一体感がグッと増しますし、ワインほどはっきりではないにせよ、酸の差し込みによる「旨酸っぱい」おいしさも演出できるからです。

　重要なのは、対比効果と酸味の差し込みによる「五味のペアリング」を狙うなら塩味と酸味のあるワイン、旨味の相乗効果と温度感の一致による「同調とテクスチャーのペアリング」を狙うなら日本酒、というように複数のアプローチ方法があるということです。料理のどこにフォーカスするかによって、ペアリングの手法や優先順位は変わります。ペアリングを作成する際は、コースの流れなども考えて最適な組合せを選ぶことが求められます。

※2
フランス・ジュラ地方でサヴァニャン種から醸造した白ワインを産膜酵母下で長期熟成させたもの。黄色がかった色味や草、アーモンド、ヘーゼルナッツなど独特の香りが特徴。

※3
生酛も山廃も、自然の乳酸菌を育てる流れでアルコール発酵を促す酒母の製造方法。詳しくは「Lesson7　日本酒とペアリング」を参照。

ドリンクの甘・旨・塩・苦の活用法

　酸味の差し込み以外でも、ドリンクの「甘・旨・塩・苦」を使っ
て味を補完・補佐するペアリングはできるのでしょうか？
　実際は酸味ほどのインパクトのあるメリハリは生まれないため、
差し込むというよりは対比効果、相乗効果、抑制効果を生かしな
がらバランスをとる感じになります。順に見ていきましょう。

甘味

料理の酸味や苦味、塩味に対してドリンクの甘味を差し込む
中和のペアリングで抑制効果を狙うことが多い。ただし甘味
を補完することで全体の味わいのバランスを作る、五味のペ
アリング的用法も可能。

旨味

ほとんどの場合、料理のほうがドリンクよりも豊富な旨味を持
っているため、同調のペアリングによる相乗効果を狙う。旨
味の多いナチュラルワインや日本酒が使いやすい。

塩味

ドリンクの淡い塩味は、野菜や魚介の料理のように繊細な旨
味やヨード感が特徴の料理と好相性。料理の旨味を強調し、
対比効果を作ることができる。

苦味

苦味は、そもそも人が危険信号として受け取ることが多い味。
そのため、苦味を強調するペアリングはあまり積極的には行
わない。ただし塩味と同じように旨味に対して対比効果を作
ることができる。

　実際のペアリングでは上記の特徴を考慮しながら、料理の余
韻を補完したり、同調させたりできるドリンクを探します。

五味の補完と同調

　料理に欠けている五味の要素をドリンクで補完したり、同じ味を同調させたりすることで、新たな味わいのバランスを生み出すことができます。まずは、五味の補完について考えてみましょう。

　五味の味わいを補完して総合的なバランスを構築する例に、Ăn Điの名物料理である「ティーリーフサラダ」（※4）があります。発酵させた日本茶葉を用いるこのサラダは、「旨・塩・酸・苦」の四味のバランスでおいしさを作っていて、甘味の要素は控えめです。ここにドリンクで適度な甘味を補うと、料理単体で食べた時とは五味のバランスが変わり、新しい味わいが生まれるわけです。

※4
発酵茶葉、揚げた豆、干しエビ、野菜などを合わせたミャンマー近辺の伝統料理「ラペットゥ」がベース。現地では後発酵させた漬け茶葉を使用する。

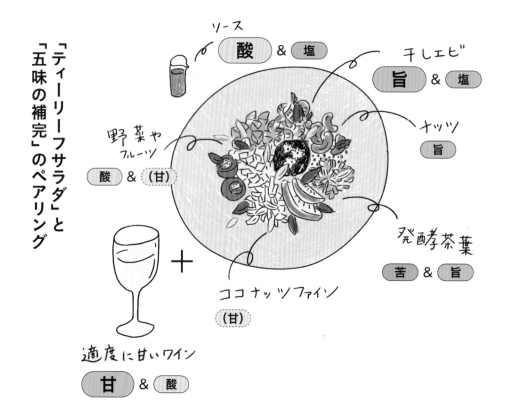

「ティーリーフサラダ」と「五味の補完」のペアリング

ソース
酸 & 塩

干しエビ
旨 & 塩

ナッツ
旨

野菜やフルーツ
酸 & （甘）

発酵茶葉
苦 & 旨

ココナッツファイン
（甘）

適度に甘いワイン
甘 & 酸

「五味の構成」の同調

　「フレッシュな魚介の塩気に塩気のあるワイン」など、料理とドリンクの五味のうち、どれか一つの味を同調させるのはペアリングの基本的な考え方の一つです。そこから一歩進んで、「五味の構成の同調」を考えてみましょう。

　たとえば、ソース・ブール・ブラン（※5）は「旨味」と「酸味」のソースです。これに味の構成が近いのは、ブルゴーニュのシャルドネや、日本酒の生酛。どちらも旨味やコク、味わいの凝縮感を持ち合わせ、酸味もある。さらに乳性の香りも、ブール・ブランと重なります。このように料理の五味の構成と似たバランスのドリンクを合わせると、一体感が増して余韻も長くなります。

　具体例をもう一つ。Ăn Điで夏に出しているアユの料理は、アユのフリットに旨味と酸味の強い「うるか入りタマリンドソース（※6）」を合わせ、上からブラウンシュガー入りのベトナムコーヒーをふるものです。コーヒーとアユの苦味を、ソースの旨味・甘味が包み込むのに加えて、タマリンドの酸味が旨味・甘味と交わって「旨酸っぱい」バランスとなり、苦味を抑えていることもこの料理をおいしく感じさせます。「甘・旨・酸・苦」がメインの構成にバランスのよい塩味が加わって、五味すべてがうまく組み合わさってバランスがとれているのです。

　私がこれに合わせるワインは、ノンフィルター（無濾過）のアマローネです。アマローネ（※7）は苦味と酸味があり、甘味は少ないものの、チョコレートのような香りが甘さを感じさせる。苦味・酸味・甘い香りで料理に同調させて、ベトナムコーヒーの香りとチョコレート様の香りもリンクする。ノンフィルターを選択したのは、わずかですが旨味にも同調できるようにという意図です。料理自体が珍しい味のバランスですが、それを崩さずにふくらませたかったので、このようなペアリングにしました。例外的な組合せですが、店でもっとも人気のあるペアリングの一つで、夏の風物詩となっています。

※5
ヴィネガーと白ワインを煮詰め、バターで乳化させるソース。魚料理によく用いられる。

※6
タマリンドは東南アジアやインドで多く見られるマメ科の植物。酸味のある実をペーストなどにして用いる。

※7
イタリア北東部のDOCヴァルポリチェッラで陰干ししたブドウを用いて造るワイン。残糖12g/L以下、アルコール度数14%以上（しばしばそれ以上）の辛口で、チョコレートのような香りと後味の心地よい苦味が特徴。

「苦味」がおいしくなる条件

　29ページで、「苦味は、そもそも人が危険信号として受け取ることが多い味」と書きましたが、日本には、山菜の天ぷらやアユの塩焼きなど、素材の苦味を楽しむ食文化があります。

　ただ、それは単に「苦味がおいしい」のではありません。14ページの「**ペアリングにおける主な味わいの相互関係**」にもあるように、苦味は旨味を引き立て、油や旨味には苦味を抑制する役割があります。苦味がおいしいと感じられるのは、油や素材の旨味と苦味のバランスが釣り合い、「旨苦い」というおいしさが成り立っているときです。では、そのような場合に、苦味をペアリングで生かすにはどうしたらいいでしょうか？　私は、ワインの塩味や苦味で料理の旨味を強調し、「旨苦い」世界を明確にすることを狙います。ほろ苦い山菜の天ぷらなら、ほのかな塩味が特徴的なギリシャ・サントリーニ島のアシルティコ種の白ワイン。ワインの塩気で天ぷらの旨味が明確になり、苦味とのバランスがよくなります。また、「旨・塩」なウニのカッペリーニであれば少しほろ苦さのある白ワイン、北イタリアのコルテーゼなどを合わせて、ウニの旨味を引き立てます。

　旨味を強調するという点では、塩気と苦味は使い方が似ていて、どちらも料理の余韻を長く引きのばせる可能性があります。

「苦×苦」のペアリングは不可能か？

　苦味に苦味をぶつけて同調させるペアリングは無しなのか？というと、そんなことはありません。

　"出合いもの"とも言われるアユとビールの組合せは、まさに苦×苦のペアリングです。とくに黒ビールの苦味と、アユの塩焼きの内臓の苦味は相性がよいものです。ただし、これも黒ビールの旨味やコクがあってこそ。それらが苦味とのバランスを取ることで、苦味の同調がおいしく感じられるというメカニズムです。

苦味の取り扱いにはバランスが大切なんですね。

「辛み」はペアリングで生かせるか

料理の辛みの楽しみ方

辛みはLesson1の「味の組合せ効果」の冒頭で、味わいのひとつとして紹介しています。ですが、「**ペアリングにおける主な味わいの相互関係**」のチャートに辛みは出てきません。

その理由は、口中への「刺激」である辛みは、その存在が強く、ワインや日本酒の「五味」に対してバランスをとるのがかなり難しい存在だからです。料理の世界では甘味で辛みとのバランスをとることがありますが、ドリンクの場合は貴腐ワイン（※8）クラスでない限り、一般的なワインや日本酒の甘味の強さで辛みとのバランスをとるのはなかなか難しいところです。

では、辛みに対してはペアリングを作ることができないのか、というとそんなことはなく、五味以外のアプローチで、料理の辛みの度合いや種類に合わせてペアリングを作り上げることが可能です。

※8
貴腐菌が果皮に付着し無数の穴を開け、そこから水分が蒸発することで、糖分などのエキスが凝縮したブドウとなり、非常に糖度の高いワインが造られる。フランスのソーテルヌ、ハンガリーのトカイ、ドイツのトロッケンベーレンアウスレーゼなどがある。

辛みの種類を見極める

辛みには、大きく分けて2つの種類があります。一つは、ピリッとするトウガラシやサンショウなどにみられるカプサイシンやサンショオールという非揮発性で脂溶性の成分の辛み。もう一つは、ツーンとするワサビやカラシにみられるアリルイソチオシアネートという揮発性で水溶性の成分による辛みです。

まず、非揮発性で脂溶性の成分の辛みとして、トウガラシをたっぷり使うような激辛料理を考えてみましょう。この場合、残

念ながらワインや日本酒で効果的なペアリングを作ることは困難
です。繊細なドリンクの風味が感じられにくくなり、料理とドリ
ンク双方の味わいで新しい世界を作るペアリングが成立しない
からです。

　そこで強みを発揮するのが、焼酎（※9）です。五味由来の味
わいがほとんどないため、料理の味を邪魔することも、焼酎自身
の味が壊されることもなく、料理の味わいを尊重したフレーバー
のペアリングを作ることができます。

　また、ヨーグルトなどの乳製品は、油脂分やタンパク質を含
んでいるので、辛みの原因物質であるカプサイシンが溶け込み、
刺激が和らぎます。これらの特性をノンアルコールペアリングに
利用できる可能性があります。インド料理のラッシーはまさにこ
の位置にある飲み物です。

　しかし基本的には、トウガラシなどの強い辛みをペアリングに
よって取り去ることは難しいです。カプサイシンは水に溶けない
性質を持っているので、たとえば水を飲むと他の味わいは流さ
れますが、辛みだけが残り、余計目立つことになります。ですから、
ペアリングにおいては、風味や他の刺激で辛みによる痛みを散
らすという方向で考える必要があります。

　それを踏まえ、トウガラシを使った料理でもほどよい辛みの場
合は、ペアリングを楽しむ方法があります。料理の中の辛み以
外の味わいともペアリングしていることが前提になりますが、辛
みの刺激に対して、凝縮感の強い赤ワインやスパークリングワイ
ンを合わせる組合せです。ポリフェノールの多い赤ワインはカプ
サイシンを分解するとの報告も見かけますが、化学的には立証
されきっていないようです。ただ感覚的には、赤ワインの強い凝縮
感やスパークリングワインの炭酸による刺激は、ある一定の強さ
までであれば、辛みによる痛みを感じにくくさせる効果があると
官能的に感じます。

　実際に、私が南米のレストランで経験したペアリングは、現
地のトウガラシのさわやかな辛みを感じるソースがかかった料理
に、シャンパーニュの組合せでした。多くのスパークリングワイ

※9
焼酎とペアリングについて
は、44～45ページを参照。

ンは、通常の白ワインよりやや残糖が多いことも辛みとの相互作用によって和らぐ理由だとも思われます。

　他の例として、カレーとのペアリングで今まででもっともよいと感じたのは、高温山廃（※10）の熟成した日本酒。メイラード反応による風味との相性がよく、甘味もしっかりあることから、辛みを強く残すことなく楽しめました。このタイプの日本酒は酸味もあるので、料理とドリンクで五味のバランスのペアリングも確立できることがより味覚的な満足感を与えてくれます。

※10
千葉県・木戸泉酒造の独自の酒母の作り方。一般的な酒母は低温の水で仕込むが、55℃前後の高温で酒母を仕込む方法。濃厚で旨味と酸味の高い日本酒ができる。

※11
ワサビの辛味成分アリルイソチオシアネートは口中で「冷たく感じさせる感覚」を刺激する。

ワサビとワイン

　次に、ワサビやカラシなど、揮発性で水溶性の成分による辛みの場合はどうでしょうか。これらの辛み成分は水溶性なので、液体に溶けやすく、その分口内に長く辛みが残りません。そのため、非揮発性で脂溶性の成分に比べると、ワインとは合わせやすいと思います。

　また、ワサビなどの辛み成分はカプサイシンとは異なり冷刺激を活性化させるので（※11）、身体は熱を生成し、放熱を抑え温めようと働きます。ですから、それを助長するような日本酒のぬる燗なども、料理の風味と合うなら、バランスよく辛みを和らげる効果も持つと思われます。

近年は、元来辛い料理の多い
南米料理や韓国料理でも、
より穏やかで繊細な辛みに仕上げる
ファインダイニングも増えています。
新たなペアリングの
楽しみ方が生まれてきた
分野とも言えるでしょう。

何より大事な「フレーバー」

まず見るべきは加熱か非加熱か

　香り（≒フレーバー）は、脳の記憶を司る場所に直接届くと言われ、五味よりも印象が残りやすく、食中・食後の印象を大きく左右します。ペアリングにおける「フレーバー」は、主に口中に残った香りのこと。料理とドリンクのフレーバーが合うと、心地よいハーモニーと長い余韻を生み出します。

　ペアリングにおいてフレーバーは非常に重要です。仮に「重さ」や「テクスチャー」が多少揃っていなくても、フレーバーのハーモニーがあれば、ある程度「合う」ように感じられるからです。逆にフレーバーが合っていなければ、そのドリンクと料理は「合わない」と感じることもあるぐらいです。

　フレーバーのペアリングでは、まず、料理の大枠である「食材は加熱か、非加熱か」を考えます。生の食材には手を加えられていないピュアさがあり、それをより尊重できるのは、若いワインや冷涼産地のワインなどが持つ、フレッシュなフレーバー。反対に、食材の加熱の度合いが強いほど、熟度や熟成感のあるフレーバーが合ってきます。とくに香ばしく焼いた料理は、スパイシーな香りや熟成由来の土っぽい香り、メイラード反応系の風味と相性がよい傾向があります。

　こうした大枠をとらえたら、料理の特徴となる香りを探っていきましょう。そこに、ワインの品種や造り方、テロワールなどに由来するフレーバーを合わせ、ハーモニーを作るのです。

フレーバーのペアリングは無限大で、新しいハーモニーを見つけるには、とにかく試すしかありません。今回はその手前の、基本的なアプローチを紹介します。

同調させるか、組み合わせるか

　フレーバーのペアリングには、2つのアプローチがあります。一つは方向性の似た香りを合わせて相乗効果を狙う「同調のハーモニー」。もう一つは方向性の違う香りを合わせて作る「組合せのハーモニー」です。

　同調の例は、料理の中の柑橘のフレーバーに柑橘系の香りのワインを合わせる、ハーブにハーブ様の香りのワインを合わせるなどです。ただし、まったく同じイメージの香り同士を合わせても効果的ではありません。それよりも、たとえばレモンバームにオレンジ様の香りのワイン、ココナッツミルクにマロラティック発酵由来の杏仁豆腐のような香りのワインなど、同じ方向性で違う香りを思わせるものを合わせることで、ハーモニーは豊かに感じられます。

　一方、組合せのハーモニーの例としては、たとえば、キャラウェイ入りのザワークラウトとリースリングの関係が挙げられます。フランス・アルザス地方やドイツで昔から親しまれている組合せです。キャラウェイとリースリング、それ自体は香りの方向性が違います。しかし、キャラウェイはリンゴ様の香りと興味深いハーモニーを作り、さらに酸味のあるものと相性がよいと言われるスパイスでもあります。その結果、リンゴ様の香りと酸味、両方の特徴を併せ持つリースリングとは相性がよい、という図式が見えてくるわけです。実際、リースリングの中でも熟度の高いリンゴの蜜のようなフレーバーを持つものとキャラウェイの相性は秀逸です。

　同調と組合せ、いずれのペアリングも料理の特徴的な香りを軸にしてハーモニーを作る点は同じですが、フレーバーの組合せは本当に料理次第で無限大です。例を2つ紹介しておきましょう。

フレーバーでペアリングするなら？

Case 1

刺身か加熱か？
状態で変わるフレーバーの相性

刺身を醤油で食べるとします。油脂分の少ない魚種であれば、合わせるのは若めでフレッシュ、かつ透明感のあるワインがよいですね。さらに醤油のフレーバーが余韻に明確に残るので、基本的には赤ワインを合わせたくなります。醤油のキーアロマにフラネオールというイチゴ様の香気を持つ物質や、メイラード反応由来の香ばしい香りがあり、ベリーのニュアンスを持つ赤ワインと醤油そのものとの相性がよいからです。あとは味わいのバランス次第。刺身がカツオやマグロの赤身なら、その透明感と鉄分の風味のある味わいから、同じく透明感があり、ミネラル感も持つブルゴーニュスタイルのピノ・ノワールはとてもよく合います。

では、ブリの照り焼きやウナギの蒲焼のように、醤油ベースのタレとともに加熱した魚料理の場合はどうでしょう。醤油のキーアロマのフラネオールは、マスカット・ベーリーAに含まれることでもよく知られる香り物質の一つです。さらにマスカット・ベーリーAには綿菓子のような香りもあるので、加熱した醤油のフレーバーと好相性です。他に、ブラックベリーやスパイス様のフレーバーを持ち、凝縮感のある、温暖地域のワインとも相性がよくなるはずですし、煮詰めたタレにはメイラード反応がより強く出るので、やや濃いめの赤ワインの熟成したフレーバーとも好相性となります。

Case 2

キンモクセイと熟成リースリング

Ăn Điの料理に、落花生のクリームソースをかけたホタテの蒸し餃子があります。仕上げに、ハチミツ漬けにして発酵させたキンモクセイの花をのせるのですが、その香りに熟成したリースリングを合わせると、キンモクセイの香りが一気に口中に広がります。これは、熟成したリースリングのペトロール香による効果だと考えられます。フレッシュなリースリングのリンゴの香りでは出せない、熟成して複雑になった香り同士だからこそのハーモニーです。ソースのテクスチャーに寄せるため、糖がやや残ったドイツのリースリングを使いますが、もし、ドライなタイプのリースリングしか手元になかったとしても、熟成していることは絶対条件です。テクスチャーを少し犠牲にしても成立するくらい、香りで印象的な世界を作れるペアリングだからです。料理によって、ペアリングの何を重視するかは変わるということですね。

香りの化学物質の不思議

化学物質から推察する
フレーバーの相性

　ローストビーフとワサビに、よく冷えた純米大吟醸酒の組合せ。想像するだけで相性がよさそうですね。一部の純米大吟醸などが放つ香り成分のカプロン酸エチルは、青リンゴのような香りを出すことが知られていて、この香りとワサビの青っぽい香りのハーモニーが面白いのです（加えて、カプロン酸エチルを持つ日本酒はわずかにカプロン酸という脂肪酸も含有しており、これは牛肉も持つ成分なので、その柔らかなテクスチャーや風味との相性がよいと推察できます）。

　最近は、こうした食材の持つ香りの化学成分が少しずつ研究され、料理のプロ向けの本も出ています。僕も何冊か持っていて、時間があると気になる食材のページを読んでいますが、中でも発見だったのが、Ăn Điでよく使うパクチー。リナロールという、柑橘に多く含まれる成分を持っているのだそうです。普通に嗅ぐだけでは、柑橘系の香り成分が含まれているなんて気づきませんでした。でも、柑橘系の香り成分を含むなら、同系統の香りや、柑橘と相性のよい香りのワインと合いそうだと推測ができます。手探り状態のフレーバーの世界も、こうした情報を生かせる時代になったのです。

　これとは逆の、香りの不思議な話も一つ。ピノ・ノワールからは、ベリー系の香りを間違いなく感じられます。しかし、以前縁あって、専門の機器で香りの化合物をゆっくりと気化させて、ピノ・ノワールの香り成分を抽出して香ったのですが、ベリーの特徴を出す香りは最後まで感じられませんでした。化合物単体ではなく、

複数の組合せによってのみベリーのような香りに
感じられるのか、単に単体だと閾値が低くなって
しまうのか理由ははっきりしていません。ワインの
世界は解明されていない香りのほうが多いので、
逆に、「全然違う香り同士なのになぜか合う」とさ
れている香りの中に、実は共通の要素があったり
するのかもしれません。香りは未知な分だけ大きな
可能性を秘めていて、ペアリングがまだまだ進化
できる分野なのだと思います。

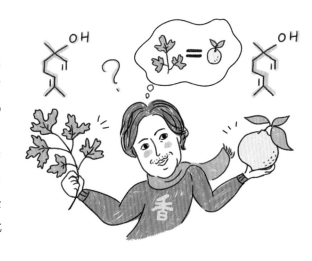

8割がロジック、2割は感覚

　ペアリングの組立てはほとんどがロジカルにアプローチできま
す。でも、フレーバーは官能に左右され、説明がつかないことが
多いのも事実。僕自身、8割はロジック、2割は感覚でペアリン
グを組み立てますが、感覚の2割のほとんどはフレーバーの相
性です。料理に合う香りは何か、自分の香りの経験の中から判
断しているんです。香りの組合せの可能性が無限で、大枠の相
性から先は、ロジックでとらえきれるものではないからです。で
も、だからこそ、人それぞれの経験値を生かして個性的なペア
リングが作れるのだと思います。

　人によって、嗅ぎ分けるのが得意な香りと苦手な香りがありま
す。すぐに感じ取れたり、少し時間がかかったり、感じ取れない
場合もあります。ですが、これは何度も繰り返し嗅ぐことで、感
じ取れるようになったり、敏感になることもあるようです。香り
を感じる嗅覚細胞は定期的に生まれ変わるので、年齢によって
人の嗅覚の感度が極端には落ちにくいと言われています。嗅覚
のそうした特性に加えて、身のまわりの香りに常に興味を持ち続
けて経験を蓄積していくことで、むしろ私たちの香りの識別能力
が上がり、より多彩なペアリングを作ることにもつながっていく
のだと思います。

カクテルで考えるフレーバーのハーモニー

Melbourne

メルボルン

ベースのカクテル、加えるワインともに香ばしさとミルキーなフレーバーを持つ、同調のカクテル。同じ方向性のフレーバーが2種類あることでハーモニーが複雑になり、余韻をより長く感じさせます。

同調のハーモニー

ミルクでコーヒーを抽出して濾過した透明な液体が主体。他にウォッカ（グレイグース）、ベルモット

シャルドネ（プイィ・フュイッセ／フランス）

ペアリングのアプローチ　｜　ベースのカクテル　｜　合わせたワイン

Edinburgh

エジンバラ

異なるフレーバー同士のハーモニー。鋭く個性的なフレーバーに、甘さのあるふくよかな香りを合わせて包み込み、個性のレイヤーを重ねながら新たなハーモニーを作るパターンです。フレーバーを3つ、4つと重ねることで、複雑性が増し、余韻が深くなります。

組合せのハーモニー

ウイスキー（アードベッグ）、ラズベリー、カカオ

ジンファンデル（カリフォルニア／米国）

僕がドリンク監修をしているレストランバー「swirl.（スワール）」では、日本を代表するバーテンダーの後閑信吾さんが世界の都市をテーマにして作ったカクテルに、僕がさらにワインを加えた「ワインカクテル」を出しています。いろいろなフレーバーを持っているカクテルは、僕にとって、料理が液体になったようなもの。通常のペアリングと同じ考え方で、液体（元のカクテル）と液体（ワイン）をペアリングします。料理との違いは、カクテルには料理のような食感がない分、よりフレーバーに集中して組合せを考える点くらい。swirl.のワインカクテルを例に、フレーバーの理解を深めてみましょう。

料理とのペアリング例

スパイスや焦がしニンニクの香りをまとったカリフラワー。ニンニクの香りややスパイス感に、コーヒーと樽感のニュアンスを掛け合わせる

そのワインを選んだ理由

［プィィ・フュイッセ］　コーヒーやミルクの風味には清涼感的な要素は少ない。それゆえ、酸味と果実感のコントラストが明確な新世界のシャルドネより、穏やかなまとまりがあり、樽香がきいたフランスのシャルドネを選択

組合せのポイント

ミルクブリューコーヒーの乳性の香りと焙煎香に、シャルドネのマロラクティック発酵によるミルキーな香りと樽熟成の香ばしさを合わせ、同調させる

BBQ風味のスペアリブ。アードベックやラズベリーの香りがスペアリブの香りに入り込み、ワインカクテルと同様の新たなハーモニーが生まれる

［ジンファンデル］　ベリー、バニラ、カシスなど甘やかな強い香りに加え、温暖なカリフォルニアの品種ならではの張り詰めすぎないふくよかな香りに、異質な香りを受け入れる余裕がある

アードベッグの突き刺すようなスモーキーな香りを、ジンファンデルの甘く懐の深い香りで受け止め、マルチレイヤーなハーモニーを作る。カクテルと合わせて「複雑なジンファンデル」を作るイメージ

何にでも合う!
焼酎の使いどころ

「料理に干渉しない」という個性

　ワインや日本酒には五味があり、料理と一緒になって味を作ります。一方、焼酎はほぼ味がなく、料理の味にほとんど干渉しません。しかし、本格焼酎には豊かなフレーバーと、アルコール由来のボリューム感やテクスチャーがあります。これは、醸造酒とはまったく違う、蒸留酒ならではの立ち位置。料理の味を大きく変えずに、香りの組合せで味わいの後押しをしてくれます。

原料由来のフレーバー

　Ăn Điのレモンサワーはスロージューサーで搾ったレモンジュースと自家製レモンシロップに香りの穏やかな米焼酎を合わせて、炭酸水で割ったものです。連続式蒸留タイプのクセの少ない焼酎よりも、風味の濃い本格米焼酎のほうがレモンの味わいをよりはっきりと表現してくれます。実際、レモンサワーとノンアルコールのレモンスカッシュを飲み比べると、サワーのほうが味の充実感があるように感じます。米焼酎のフレーバーがレモンのフレーバーを後押しして、余韻を膨らませているのだと思います。焼酎は料理に強く影響する味こそありませんが、完全に無味ではなく、香りのハーモニーや料理の味わいを引き上げるフレーバー、アルコールによるボリューム感、テクスチャーといった「味」を持っています。焼酎ならではのペアリングの世界がそこにあるのです。

原料別、焼酎の味の方向性

　本格焼酎は原料で香りの方向性が決まります。米焼酎は日本酒の延長線上のようにやさしいフレーバー。炊きたてのご飯や吟醸酒のような香りがあり、旨味系の料理の味わいを引き上げます。麦焼酎は、差はありますが香ばしさが特徴。同じく香ばしい揚げものや味噌、ゴマなどの風味とのハーモニーが面白いです。芋焼酎は穀物や柑橘類系の香りから、芋の追熟で生まれるオレンジやライチのような華やかな香りなどさまざま。野菜の甘味やコクを引き出すのに適します。また、クラシカルな穀物様の風味がメインの芋焼酎はクリームとの相性がよく、逆に現代的なフルーティーな造りならトマトやハーブとハーモニーを作ったりと、多様な可能性を秘めています。

飲み方はどう決める?

　焼酎の飲み方には、ロック、水割り、ソーダ割、お湯割りなどがあります。基本的にどの飲み方も水分で割ってアルコール度数を調整しますが、ペアリングでは料理との相性により、狙いたい「味」を作る意味合いもあります。

　食中酒として飲む場合、料理にもよりますが、アルコール度数10〜18%くらいが適当でしょう。香りを生かしたいので、氷を使うのは本当に冷たいドリンクが必要な時だけ。コースの最初や最後にフレッシュな世界観を作りたい時など、氷入りのソーダ割りにするのはいいですね。よく冷えたスパークリングワインを飲むのと同じ感覚です。

　コース中盤になると嗅覚が料理の香りや重さに慣れてくるので、香りを強めていきたいところ。氷無しで水割りやソーダ割りにしたり、お湯割りなどで狙った香りに調整します。ちなみにお湯割りは温度によって、ソーダ割りは酸（炭酸）によって、料理の油脂分の重さを中和できます。

焼酎のペアリング

　「戻りガツオ　ベルガモットの風味　カリフラワーとレモンコンフィのソース」という料理を思い浮かべてください。カツオにはベルガモット風味のポン酢がぬられています。これは実際にĂn Điで提供していた料理なのですが、赤ワインか白ワインかそれとも日本酒か、ドリンクの選択が難しいと思いませんか?

　大事なのは余韻なので、ソースをしっかりつけて食べるなら白ワインがよいのですが、食べ方のバランスが少しでも崩れた場合、白では違和感が出てしまいます。でも、赤ワインではソースの味が生きない。日本酒もバランスよく合わせるのは難しい……僕としては「これ、どうする?」という感じです。通常なら、カツオとカリフラワーのどちらか片方に寄せたドリンクを選び、サービス時の説明で補強する手段を取るのですが、この時は食材を2つとも主役として扱いたい料理だったので、その本質を生かすペアリングを苦心して探しました。その結果、選んだのが焼酎でした。

　オレンジ色系のサツマイモを使った芋焼酎で、トロピカルな果実や、干し芋みたいな香りが特徴。焼酎2、お湯1の割合で割って、甘やかな香りと味わいがもっとも強く出る温度帯を作り、余韻にもっとも残るカリフラワーの味わいを香りで引き上げます。ソースのつけ方次第でバランスが変わるのが、この料理の肝。そのバランスを崩さないで行こうと思ったら、最適だったのが、料理の味を壊さない焼酎だった、というわけです。

テクスチャーを深める

テクスチャーとは何か?

　ペアリングの世界でのテクスチャーとは、「料理やドリンクの食感」を指します。より正確に表現すると「味わいや香りの構成要素が密接に関連し、総合的に生み出される食感」のこと。何やら難しそうに聞こえますね。もう少し分解すると、口当たり(マウスフィール)や食感(センセーション)など、いわゆる料理の噛みごたえや舌触りのことで、ドリンクにおいては、とりわけ、なめらかさや収斂性(※1)によって生まれる口当たりの様相を指します。具体例を見てみましょう。

　料理においては、赤身肉の厚切りステーキは歯ごたえがあるテクスチャーですが、A5の和牛の厚切りステーキですと脂のサシが入っていることで、より柔らかなテクスチャーとなります。また、フライの衣は軽くサクサクとした歯触りで、ムースはなめらかな舌触りです。こうした口当たりの印象を「硬い」「柔らかい」「サクサクの」「なめらかな」といった言葉で表したものがテクスチャーだ、と考えるとわかりやすいでしょう。

　一つの料理は多くの場合複数のテクスチャーを持ち、その総合性が料理全体のテクスチャーを表します。たとえば、ホタテのしんじょう揚げは「サクサク」「軽い」「ふわふわ」といったいくつものテクスチャーを持ち、総合的には柔らかめの食感を作ります。こうした微妙なテクスチャーの違いに応じて、ドリンクのチョイスも変わることがあります。

※1
収斂は縮むこと、引き締まることの意。ワインにおいては、タンニンなどの成分の作用により、口の中が引き締まった感覚になることを指す。

多岐にわたるドリンクのテクスチャー

　液体であるドリンクは、主に五味、粘性、凝縮感、アルコール分などが相互に関連しあって、テクスチャーに影響を与えます。たとえばタンニンや酸味が豊富なワインは、口中がギュッと引き締まる骨格の強い味わいなので、「引き締まった」「タイトな」テクスチャーと表現されます。逆に酸味などが控えめで、甘味、旨味などが豊富だと、「柔らかな」「丸みのある」テクスチャーとなります。

　ドリンクの持つさまざまなテクスチャーは、他にもクリーミー（creamy）、スムース（smooth）、グリッピー（grippy）、リッチ（rich）、オイリー（oily）などさまざまな言葉で形容されます。ペアリングでは、こうしたドリンクのテクスチャーが料理のテクスチャーに寄り添うことで一体感が生まれ、余韻を引きのばすことができます。逆に、テクスチャーが合っていないとちぐはぐな味わいになってしまうことがあります。そのためドリンクのテクスチャーの理解は非常に重要なのです。

　ワインと日本酒のテクスチャーを比べると、酸味とタンニンが豊富でしっかりした骨格を形成するワインに対して、甘味と旨味が主体の日本酒は、常にソフトなテクスチャーの世界観を持ちます。この2つのドリンクは、互いに異なるテクスチャーの領域を持っているので、ペアリングの中で共存できるのです。さらに、焼酎も含めすべての酒がテクスチャーの領域が違うからこそ、アプローチ方法のヴァリエーションが豊富になり、世界中のさまざまな味わいの料理に対してペアリングが可能になるのです。

ドリンクと料理の 「ヴォリューム感」

　ペアリングで理解しておかなければならないテクスチャーの感覚に、「ヴォリューム感」があります。ワインにおいても日本酒においても、凝縮度や粘性がヴォリューム感に影響を与えます

● テクスチャーの基本

ワインのテクスチャー

☐ 酸味、渋み（タンニン）による
引き締まったテクスチャー

☐ ワインごとに酸味や渋みの幅があり、
甘味や塩気や苦味を持つものもあるため、
テクスチャーの幅が広くさまざまな料理に対応しやすい

日本酒のテクスチャー

☐ 甘味、旨味による柔らかで丸みのあるテクスチャー

☐ ワインに比べ、粘性が高いことが多い

☐ 熱で料理の重さを軽くする、0℃以下まで冷やして
フレッシュ感を出すなど温度の生かし方が多様

が、もっとも大きな要因はアルコールです。最終的に、アルコール分の高い・低いに応じて生まれるヴォリューム感の違いによって、ドリンクのテクスチャーが決まると言っても過言ではありません。

　ヴォリューム感のあるワインは、実際にアルコールが高めで凝縮感が強いものが多く、「フルボディ」「リッチ」というように表されます。ワインのヴォリューム感は「ボディ」と同義と言えます。

　一方、料理のヴォリューム感は、主に油脂分や粘性から来ます。ですので、口中に入れる料理の容量によってもヴォリューム感が変化します。またテクスチャーという観点では、噛みごたえの強さも大事な要素です。

　料理とドリンクのテクスチャーを合わせるためには、両者のヴォリューム感を合わせるという考え方がもっとも重要なポイントとなります。

テクスチャーにもう一歩踏み込む

温度とテクスチャー

　料理のテクスチャーは、基本的に温かいほど柔らかく、冷たいほど硬くなります。

　ドリンクのテクスチャーもまた、温度の影響を大きく受けます。そのためドリンクの硬さや柔らかさは温度とセットで考えることがよくあり、イメージとして右図のようにグループ分けできます。テクスチャーでペアリングの一体感を得ようと思ったら、温かい料理に温かいドリンクを、冷たい料理に冷たいドリンクを合わせるのも一つの考え方です。

　日本酒の場合、ぬる燗程度に温めると旨味と甘味が高まり、もっとも柔らかなテクスチャーになるため、温度、テクスチャーの両方で料理との一体感が増します。ワインでも、たとえばリゾットのような温かく柔らかな料理には、きんきんに冷えた白ワインではなく、いくぶん温度の高い12〜13℃でおいしく飲めるワインを選ぶといったように、温度を寄り添わせていくと高い一体感が期待できます。

テクスチャーを見極める

　ドリンクを口に含むと、まず「アタック」でその液体のバランスやクリーンネス、甘味などを感じ、次に「ミッドパレット」で凝縮感、酸味や渋味の強さや質、アルコールのボリューム感などを感じます。そして、「アフターテイスト」で最後まで特徴的に感じられる味わい、フレーバーのキャラクターや余韻の長さを理

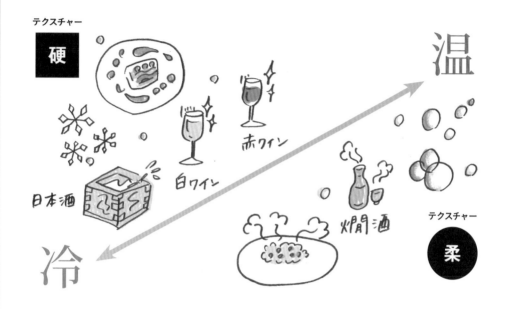

● 温度とテクスチャーの関係

テクスチャー

硬

温

❄

白ワイン

赤ワイン

日本酒

冷

燗酒

テクスチャー

柔

野菜のテリーヌなど
冷たく硬い料理のペアリング

きりっと冷えた6℃前後のライトな白ワインや、4℃以下のライトで辛口の日本酒。双方ともフレッシュなものを。

リゾットなど
温かく柔らかい料理のペアリング

ぬる燗程度の日本酒や、気持ち温度を上げたワイン（12℃ほど）でテクスチャーを寄せる。旨味が主体の料理が多いので、旨味のバランスを考える必要あり。

解します。これらをしっかりと感じとることが、ドリンクの質やテクスチャーの様相を理解する上で欠かせません。

たとえば、旨味や甘味の強いワインや日本酒、シュール・リーを経たワインやマノプロテイン（※2）を多く持つノンフィルターのワイン、にごり酒などの味わいは、後味までしっかり味わうと、アタックからアフターテイストまで終始甘味や旨味、抵抗感が感じられ、テクスチャーに大きく影響していることがわかります。

※2
酵母の細胞壁を構成する主要成分の一種で、シュール・リーの過程で澱が自己融解し、多糖類としてワイン中に存在する。ワインのフレーバーやテクスチャーに影響を与える。

テクスチャーが「格」を決める

　テクスチャーは、ドリンクの造り自体からも影響を受けます。一般的に、上質なワインや日本酒になるほどテクスチャーのバランスは緻密に整い、緩みのない、上品で明確な味わいとなります。これを「輪郭がはっきりしている」「焦点の合っている」などと表現します。

　料理も同様で、上質で味わいが決まっていると、輪郭がはっきりし、焦点が合ってきます。上質なドリンクに、ジャンクなポテトチップスなどのスナックを合わせると、それぞれにおいしくても合わせることによる相乗効果は得づらいですよね。上質な料理には、上質なドリンクとのペアリングが求められるのです。

　このようにペアリングでは、テクスチャーの面で料理とドリンクの「格」を合わせることも重要です。

「柔らかい料理」とドリンク

近年の料理のテクスチャーの傾向として、「柔らかく、やさしく」なってきていると感じます。また油脂や塩が控えめで、素材を生かした軽めの味わいの料理が多いですね。ドリンクもそれに合わせて、ライトで、やさしいものが求められはじめています。レストランで日本酒のペアリングが増えているのも、料理の変化に合わせたものでしょう。こうした料理は、いい意味でシンプルな旨味の表現をしていいことが多く、料理が日本酒の世界に近づいてきた感じです。

また、食中酒をイメージする中で、アルコール度数の低い日本酒（13%ほど）を造る生産者も増えました。ワインの世界でも冷涼産地のフレッシュで低アルコールのワイン（11〜13%ほど）が注目されていますし、ドリンクのトレンドは、食のトレンドに関連して動いているんですね。

肉や魚の火入れに対する感覚の変化も、ドリンクに影響を与えます。しっかり火を通してこってりしたソースをかけた料理はクラシカルなワインでいただくのがおいしいですが、低温調理した料理だと、そうしたワインにとっては少しテクスチャーが「柔らかすぎる」のです。僕が初めてフランスに行った1990年代後半と比べ、今はより生に近い火入れ、やさしい味つけが多くなりました。その結果、とくに魚介料理は、ペアリングの相性によってはワインの亜硫酸や鉄分と反応して生臭くなる可能性を無視できなくなっています。

そこをカバーするのがナチュラルワイン（※3）で、単に「自然派」が消費者に認知されはじめている以上に、味わいも現在の料理にマッチしやすく、ペアリングにおいて必要性があるスタイルだと考えています。

※3
詳しくは「Lesson8 ナチュラルワイン」を参照。

テクスチャーをペアリングに生かすなら?

テクスチャーの要素をどう使うかは、重さやフレーバーなど
他の要素と総合的に考えます。シンプルな例で見ていきましょう。

Case 1

噛みごたえのある料理に合わせる

たとえばアンガス牛の赤身の厚切りステーキには、ボディや粘性があり、タンニンのグリップが
効いた、飲みごたえのある赤ワインが欲しくなります。逆にワインから考えると、飲んだ後にタン
ニンにより口中が収斂した感覚を覚えるため、何か硬いものを食べて咀嚼することで唾液を出し、
口内の収斂を解消したくなります。そうするとやはり噛みごたえがある肉が必要となります。
次に、もう一歩踏み込んで、赤身の牛肉のステーキであっても、薄くスライスされている場
合です。厚切りに比べてテクスチャーが「やさしく」なり、ワインもタンニンの少ないものが
合ってきます。
鶏や豚の唐揚げのようなカリッとした食感で油脂分の豊富な料理には、やはりタンニンのあるワ
インによる中和のペアリングがテクスチャーの面でもバランスがよく、この場合は、オレンジワイ
ンですとテクスチャーだけでなく、風味の点からも面白いペアリングとなります。

Case 2

柔らかい料理に合わせる

霜降りのステーキに「柔らかいもの同士」の組合せで日本酒を合わせる場合を考えてみましょ
う。旨味の強い日本酒なら旨味の相乗効果が得られ、熟成感もあればメイラード反応同士の
香ばしいフレーバーのハーモニーを楽しめます。ただ、このペアリングは、おいしいけれど「重
く」感じてしまうことも。その場合はぬる燗や熱燗に向く日本酒を選ぶと、温度によって油脂
分を軽減することができます。
柔らかい肉には骨格のしっかりしたタイトなワインは合わないのかというと、そんなことは

ありません。ほどよいタンニンがありながらもテクスチャーに柔らかさのあるメルロやグルナッシュなら、肉の油脂分由来の柔らかさを少し軽減させて、結果的にテクスチャーの強さを揃えられます。

また、ソース・ブール・ブランをかけた白味魚に合わせるなら、柔らかで厚みのあるワインや日本酒が適切です。生酛系の日本酒なら、乳製品系の香り同士の同調も作れます。ワインなら、温度を12℃くらいまで上げても味わいが崩れない、丸みのあるテクスチャーの白ワインを選ぶと十分に楽しめるでしょう。

Case 3

食感のない料理と合わせる

スープや茶碗蒸しといった料理は食感(硬さ)がほぼないに等しく、ペアリングが難しいと言われます。合わせる方法としては、余韻に残る味わいに対して味わいのバランスを考えていく、「五味のペアリング」が役立つでしょう。

こうしたごく柔らかな料理と、シュール・リーをした甲州などが持つやさしいアロマや旨味由来の柔らかさは、テクスチャーや風味がとてもよく合うことがあります。また、泡がはかなく口の中で消えていき、クリーミーな様相が感じられるシャンパーニュや長期熟成のスパークリングも、ムース、ゼリー、フランのような、軽やかで食感がなく、「やさしさ」や「なめらかさ」のある料理と好相性です。シャンパーニュはワインの中では旨味が豊富で、テクスチャーがなめらかです。このテクスチャーの相性のよさが、コースの最初にアミューズとともにシャンパーニュを楽しむというフランス料理の世界観を作っています。

ブルゴーニュでは
アペリティフはグジェールと
クレマン・ド・ブルゴーニュが定番です。
テクスチャーの相性とともに、
イースト香のあるもの同士で相性も抜群。
フランス料理とワインの
クラシックな組合せは
本当によくできていると
思わせられる一例です。

55

温度をコントロールする

「おいしい温度帯」を探す

　まず大前提として、ドリンクの提供温度は、そのドリンクが本質を失わずおいしく飲める温度帯の中で調整します。とくに日本酒は、冷酒から熱燗までのふり幅がありますが、中には常温が向く酒もあれば、ぬる燗や熱燗にして本領を発揮する酒もあるわけです。ですので、日本酒を選ぶ時には、どの温度帯でどんな味わいが引き出されるのか、酒ごとのスタイルをよく知ることが重要です。また、ドリンクと料理の温度が近いほうが一体感を出しやすいので、温度の選択肢が幅広い日本酒の中でも、料理の温度に寄せやすいタイプを選ぶことが増えます。

　ワインは、どのワインでも、おいしく飲める温度はそんなに大きく変わりません。赤は16〜22℃、白はシャルドネだったら7〜14℃くらいという狭い温度帯の中で、料理に一番合う味わいを発揮する温度を探すことになります。

　とくに、グラス単位・短時間で楽んでもらうペアリングは、ジャストの温度で提供することで、狙ったハーモニーを作る一発勝負。そのため、温度が徐々に上がる過程で味わいの変化を楽しむボトル提供よりも、よりシビアな温度調整が必要なのです。Ăn Điでも温度管理にはとても気を遣っていて、常に4℃、7℃、12℃、16℃の4つの温度帯のセラーを用意して管理しています。また、サービス中に長めに室温に出していたボトルは、必ず提供前に味見をして状態を確認するようにしています。

寒い冬は熱燗がおいしく
感じますよね。
今回は温度の話です。

温度はドリンクにさまざまな
影響を及ぼします。
中でも重要なのは、
「五味」と
「フレーバー」との関係。
図にすると、こうです。

温度 と 五味・フレーバー

日本酒は、温度の幅が
広いです。温度で「テク
スチャー」を寄せる、熱
で油脂分を「中和」する、
といったアプローチがし
やすいと言えます。

ワイン

温度を上げる

赤：〜22℃ほど、白：〜14℃ほど

・酸が柔らかくなる
・渋みが弱くなる
・甘味が明確になる
・フレーバーが強まる

温度を下げる

赤：16℃〜ほど、白：7℃〜ほど

・酸が明確になる
・渋みが明確になる
・甘味が抑えられる
・フレーバーが弱まる

日本酒

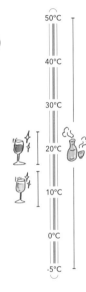

50℃
40℃
30℃
20℃
10℃
0℃
-5℃

熱燗

50℃ほど

・酸が明確になる
・旨味、甘味が切れて（失われて）いく

ぬる燗

40℃ほど

・旨味、甘味が
　もっとも豊富に感じる

冷酒

5〜10℃ほど

・甘味が抑えられフレッシュに感じる
・酸が明確になる

ワインは温度の幅が狭いで
すが、持ち味である「フレー
バー」は温度の変化に非常
に敏感。いい香りの立ち方
をする温度を理解しておく
ことがとても重要です。

温度は、ドリンクの味わいを
唯一の部分。どれだけポテンシャルを
サービス側でコントロールできる
引き出せるか、腕の見せ所
です。

ワインの持ち味を温度で引き出す

　ワインを提供する際の適温は、白ワインで7〜14℃ほど、赤ワインで16〜22℃ほどが一般的です。冷酒から熱燗まで温度の幅がある日本酒に比べると、ワインは温度の幅が狭いのがわかります。しかし、1℃、2℃単位の微妙な温度幅をコントロールすることでフレーバーが変化し、ワインの持ち味がグッと引き出されることがあります。

　では、温度でドリンクの味を引き出す具体例には、どんなものがあるでしょうか。たとえば、一部の肉料理に新世界のカベルネ・ソーヴィニヨンを合わせる場合、通常適温とされる18〜20℃よりも低い16℃くらいでサーブして甘い果実の香りを若干抑えると、フレーバーがよりマッチすることがあります。または旨味の強い料理に対して、日本酒の旨味をもっとも引き出す35〜40℃のぬる燗で旨味の相乗効果を狙うというケースも考えられます。

　ドリンクがもともと持つ「酸が高い」「旨味が強い」といった味すじを見極め、温度によって調整することで、より料理に合う味わいのバランス、フレーバーのバランスに持っていくのが、温度のペアリングです。実際には、テクスチャーのバランスや中和の関係も総合的に捉えて最適な温度を探ります。まずはワインを温度で生かす例を2つ紹介します。

氷水入りの
ワインクーラーは
緊急時のみ。
適温の白ワインの温度を
保つためには
氷を詰めたクーラーに
のせるだけで十分です。

58

Case 1

噛みごたえのある料理に合わせる場合

鴨の料理にはピノ・ノワールが好相性と言われます。これは本当で、鴨の肉汁から生まれるジューシーで芳醇なフレーバーの余韻を、ピノ・ノワールのベリー香や他の複雑なアロマがグーッと追いかけてくることで、ハーモニーが生まれるんですね。

ピノ・ノワール自体は16℃くらいからおいしく飲めますが、奥底に眠っている複雑な香りのレイヤーを引き出すには、もう少し高い18℃くらいが適切な温度でしょう。料理とのハーモニーを最初から楽しんでもらうには、出発点の温度を上げて、ワインの香りを引き出しておくことがとても大切です。

鴨の他に、軽いヴィネガー系やポン酢のソースがかかった牛のカルパッチョのように、生の素材を酸味のおいしさで味わうタイプの "フレッシュ感" を楽しむ料理も、ピノ・ノワールが合うことがあります。この場合は16℃くらいで、ピノ・ノワールのフレッシュで軽くチャーミングな感じを際立たせるとフレーバーや酸味の同調を得やすくなります。

Case 2

柔らかい料理に合わせる場合

たとえば、ドイツのやや甘口の熟成リースリング。ワインだけで飲むなら、ちょっと冷たくしたほうが酸味が立って、甘酸っぱいおいしさを楽しめます。

でも、私はあえて温度を気持ち高めに出すことがあります(もちろん、ワインのよさが発揮される範囲内での温度調整がマストです)。それは甘さのおかげでワインの柔らかさが強調されて、料理の柔らかさと合わせやすくなるからです。合わせる料理はホタテの蒸し餃子に、ホタテのだしベースの軽くとろみのあるスープ、上にはハチミツ漬けにしたキンモクセイの花。Lesson4でも紹介した組合せです。スープの旨味や餃子の柔らかさに、やや高めの温度で柔らかなテクスチャーを引き出した熟成リースリングを合わせ、特有の華やかな香りとキンモクセイの香りのハーモニーを作ります。さらに熟成リースリングの風味はだしの風味とも相性がよく、このちょっとした温度調整が間違いなくペアリングの質を上げてくれます。

日本酒特有の、温度との付き合い方

Case 1

旨味の強い日本酒を−5℃に

Ăn Điの姉妹店Ăn Cơmでは日本酒をドリンクの柱にしています。そこで人気なのが、スパイシーな
ソーセージとハーブ、フルーツを魚醤やライム果汁で和える「ラープ」と、冷たい日本酒の組合せ。
旨味とフレッシュさのバランスで構成された味わい同士のペアリングです。この場合、日本酒には
料理に負けない旨味がほしいのですが、温度を下げると旨味は感じにくくなります。でも、料理のフレッシュ感を生かすために、どうしても冷やして出したい。そこで私が選んだのが、キンキンに冷やしても漏れ出るくらいに強い旨味を持つ、王祿酒造の日本酒「超王祿 本生」です。思い切って−5℃まで下げてもまだ旨味が感じられ、フレッシュ感も際立ってきます。スパイシーで酸味がきいたラープの「旨酸っぱい」世界と、−5℃の王祿の「旨フレッシュ」な世界がばっちり合うのです。

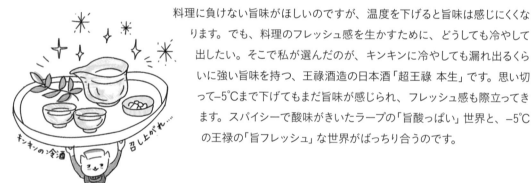

Case 2

燗冷ましでやさしい旨味を引き出す

温度をいったん上げてから冷まして提供する「燗冷まし」。日本酒ならではの飲み方です。温度の
上げ方、下げ方はお酒のキャラクターや求める味に対して無数にありますが、いずれ
も燗冷ましにすることで揮発的なアルコール臭などが取れて、やさしい旨味が
出てくるのが特徴です。合わせるのも、コクの強い料理より、やさしい
旨味の料理がいいでしょう。たとえば、蒸し餃子などの点心や軽い揚
げ物など、食感が柔らかで穏やかな旨味が広がる料理などです。

ワインの次は
日本酒を温度で生かす
ペアリング例です！

Case 3

高めの温度で油脂を切る

日本酒（または焼酎）ならではの温度のテクニックです。油脂分や旨味の豊富な料理に日本酒の強い旨味を合わせると、料理とお酒の重さは合いますが、全体的に「重い」ペアリングとなってしまいます。そこで、お酒の温度を上げてぬる燗や熱燗にすると、温度で料理の油脂の重さを切ることができ、冷やで飲むのと比べて軽いバランスで日本酒と料理の相性を楽しむことができます。

日本酒の中には、旨味が豊富でもストラクチャーがしっかりした硬いお酒もあります。そのようなお酒をしっかり熱燗にすることで、旨味を明確にしながらも骨格の強いお酒が出来上がります。油脂の多い料理の重さをお酒の温度と骨格の強さで切りながら、旨味を掛け合わせるといったペアリングが考えられます。

Column

冬の熱燗はなぜ旨い？

　寒い冬に熱燗がおいしく感じられるのは、なぜでしょうか？　これは、五味のおいしさを感じるのとは少しタイプが違います。日本酒の甘味や旨味は40℃程度のぬる燗をピークに、温度が上がるほど感じにくくなるからです。

　ではどういうことかというと、口から胃に流れ込んでくる液体の熱さに、冷えて縮こまっていた体がゆるんで「おいしい」と感じるんですね。同様に、夏に飲む冷たいドリンクは、熱さにまいった体にスーッとしみ込むおいしさや、はつらつとした新鮮さを感じさせます。温度は、こうした味覚以外の「体感的なおいしさ」に直接訴えかけ、季節感を表現できるのです。

　手で触れて感じる温度や、視覚的に感じる温度も同様です。そのため、私は、キンキンに冷やしたお酒であれば、熱伝導率が高く冷たさを手で感じることができる錫の酒器に注いだり、視覚的に涼しげなガラスの酒器を使ったりします。また温かいお酒は、じわりと温度を保つ土物の、少し厚手で口当たりの柔らかな酒器で出すといった、味覚以外の温度感も、ペアリングで大切にしています。

日本酒とペアリング

蔵の数だけキャラクターがある

　私が日本酒に興味を持ったのは15年以上前。日本酒には思っていた以上にさまざまな個性があると気づいてからです。ワインとは違う料理との調和の面白さがあり、一歩踏み込んだペアリングが作れるのではと感じました。

　同時にそれは、ワインが大好きで、そちらに没頭していた私にとって、日本にも素晴らしい自国のお酒があるじゃないか、という再発見でもありました。それからいろいろな日本酒を飲み、蔵元をめぐり、どんどんペアリングに取り入れていったのです。

　日本酒は造り手が多くの製造工程に関わります。そのため、味わいの根底がテロワール（※1）であるワインよりも造り手の個性が強く出ます。本章では、ペアリングの幅を広げる日本酒の個性についてお話ししましょう。

　日本酒の味わい、キャラクターは何によって決まるのでしょうか。「吟醸」「大吟醸」などの精米歩合？　米や酵母の種類？「灘の男酒に伏見の女酒」（※2）と言われるような水の硬度？この中では、水がもっとも味わいに影響していると思われますが、それだけでは表現しきれないのが日本酒です。

　日本酒造りは米選び→精米→吸水→蒸す→蒸し米の放冷→麹造り→酒母作り→仕込み（もろみ造り）→発酵→搾り→火入れ→貯蔵……と工程数が多く、そのすべてに造り手の「この味にしたい」という意図が加わり、異なるアプローチがとられます。精米後の

※1
詳しくは「Lesson9　テロワールとは何か?」を参照。

※2
仕込み水の性質の違いによって酒の持ち味が変わることを表す言葉。兵庫・灘の中硬水で造られた酒はコクとキレのある酒質から「男酒」と呼ばれ、京都・伏見のミネラル分の少ない軟水で造られた酒は、酸の少ないなめらかで淡麗な酒質から「女酒」と称したことに由来する。

洗米方法、甑（※3）の種類、米の蒸し方、冷まし方、麹の仕込み方、酵母（※4）の選別、酒母の作り方、発酵温度の調整、発酵に使う木桶やタンクも蔵によって千差万別。どの手法が優れているということはなく、蔵は味の最終目標に向けて最適な手法を選びます。さらに、天然の酵母や乳酸菌を使う場合は自然との共同作業が多くなり、蔵単位で多様な個性が出ます。つまり、日本酒にはよりさまざまな料理とのマッチングの可能性があるのです。

酒母の違いが個性を生む

　酒造りの元となる酒母には、雑菌の繁殖を防ぐために乳酸菌を加えますが、醸造用乳酸菌を加える「速醸」と、空気中の乳酸菌を自然に取り込む「生酛」や「山廃」があります。一般的に、速醸はピュアで繊細な味わい、生酛や山廃は乳性の風味としっかりした味わいを作り出します。

　酒母には他に、「酛」（※5）の仕込み水に生米と炊いた米を入れて乳酸発酵させた「そやし水」を用いる「菩提酛」という造り方もあります。室町時代に奈良県で編み出されたとされる手法で、速醸酛や生酛系酒母の原型と考えられています。ヨーグルトを思わせる個性的な酸味が感じられ、飲みごたえのある濃醇旨口の酒が多い傾向にあります。千葉県・寺田本家の「醍醐のしずく」や奈良県・今西酒造の「みむろ杉」、同じく奈良県の油長酒造の「風の森」などが菩提酛造りの酒として知られています。

麹でも味は変わる

　日本酒造りでは、麹が酒の味に大きな影響を及ぼします。麹の力が強いほど米を溶かす（糖化する）力は強くなりますし、糖化作用に加えて麹自体の味わいが、酒の甘味や旨味に大きく影響します。麹の味わいは種麹の種類、酵素量、硬さ、米、菌糸

※3
こしき。米を蒸す際に使う容器。

※4
蒸した米に、麹、水を合わせて酵母を培養したもの。もろみの発酵を促す役割がある。

※5
もと。酒母と同義。

の付き方で大きく変化しますので、求める酒質に合わせた麹造り
が必要となります。

　麹菌には、米の表面をびっしりと覆う「総ハゼ」型と、表面に
ポイント的につく「突きハゼ」型があり、一般的な考え方では、
総ハゼのほうが酵素量が多く米がよく溶け、糖分、酸、旨味な
どが多く生成されます。突きハゼは、酵素力は高いですが酵素
量は少ないため、米を溶かすのに時間がかかります。そのため発
酵をゆっくり進める吟醸造りに向いています。しかし、発酵中の
水の打ち具合、発酵温度の調整の違いなども加わり、造りたい
酒質によってその後の造りのアプローチもさまざまです。「精米歩
合だけでは、味わいが決まらない」と言われる所以です。

　こうした酒造りの原点を見直して、自分たちの目指す味により
合った造りを求めて、現代的なアプローチを加えるなどして、味
わいが豊富になってきたのが今の日本酒の世界です。

ガス感のある日本酒

　開栓直後にピチピチとしたガス感やフレッシュさを感じる酒を
飲んだことはありませんか？　そうした酒は、低温でゆっくりと
発酵させ、上槽後に低温で保存し、早い段階で瓶詰めをしたも
のであることが多いです。発酵直後の日本酒は二酸化炭素の含
有量が高く、さらに低温下では二酸化炭素がよく溶け込みます。
結果としてガス感が明確でフレッシュな日本酒が生まれます。

　ガス感を残す手法は他にもありますが、どの場合も酸味と清
涼感、酸化を防ぐ利点などが加わります。

土地との結びつきを強める蔵

　日本酒は、ワインのように原材料やテロワールから味を想像す
ることが困難なお酒です。ですが、「この土地で造る」ことにこ

だわる蔵元も増えています。

　たとえば滋賀県・冨田酒造は地元の在来種の酒米を用いた酒造りに取り組んでおり、とくに「七本槍　無有」では農家と協力して無農薬栽培した「玉栄」を使用しています。熊本県・花の香酒造の「産土」も江戸時代の熊本在来品種「穂増」を復活させる取組みで生まれた酒。福岡県・白糸酒造の「田中六五」は地元産の山田錦だけを使用していますし、秋田県・新政酒造も秋田県産米のみを使用しています。

　「山形政宗」で有名な山形県・水戸部酒造や、秋田県・新政酒造、「醸し人　九平次」の愛知県・萬乗醸造のように、一部の酒は米作りから自社田で行う例もあります。「根知男山」を造る新潟県・渡辺酒造店はワインのドメーヌ（※6）のようにすべての米を自社田で生産する蔵の先駆けです。

　こうした、土地に根差した酒造りのスタイルは、各蔵のお酒の味すじやトータルのキャラクターの中に、確かにその土地の味として表れてくると思います。

酒造好適米の追求

　一方で、数ある酒米の中から、求める味に最適な米を選ぶ蔵もあります。三重県・木屋正酒造の「而今」は全国のさまざまな酒米を用いて造っており、中でも兵庫県産山田錦を使ったお酒はとても上品な味わいです。山田錦は心白（米の中心の白濁した部分）がもろみに溶け出しやすく、消化性に優れます。低温でじっくりと発酵させる吟醸造りの過程は酒米が溶けづらい過酷な条件ですが、山田錦はこれに耐える力があり、酒米のある種の理想形です。「而今」の造り手の大西唯克さんや、京都・日々醸造の松本日出彦さんたちは、彼らの目指す味わいに必要だからという理由で兵庫産山田錦を選んでいます。そのお酒のクオリティの高さは、原材料の質の高さのみに頼っておらず、技術のたまものだと感じます。

※6
主にフランス・ブルゴーニュ地方で使われる言葉で、ブドウの栽培から醸造、熟成、瓶詰めまでを自身で行う生産者のこと。

「熟成」という新しい可能性

　日本酒で熟成といえば、昔からあるのは数十年熟成させる長期熟成。メイラード反応由来のキャラメル香や、酸化由来のナッティな香り、DMTSという香り成分によるたくあん漬けのようなニュアンスが特徴でした。

　そんな中、もっとクリアな熟成を経た日本酒が近年注目されています。その持ち味は、熟成により水とアルコールの分子が融合して生まれる、なめらかで一体感のあるテクスチャー。香りにも複雑性が生まれますが、従来の熟成酒のような強く特徴的な香りではなく、より穏やかな複雑性です。氷点下温度（マイナス5℃）で熟成された日本酒はさらに香りが穏やかで、テクスチャーに独自の熟成を見せます。

　そもそも質の高い日本酒は味のまとまりも秀でているものですが、熟成を経ることでバランスがよいままにより繊細な味わいになり、透明感と味の密度感を併せ持ったような一体感が生まれます。それは熟成でしか踏み込めない領域で、味わいのまとまり方はその年のお米によって変わるため、ワインのようにヴィンテージヴァリエーションも生まれます。

　テクスチャーが向上すると、より上質な料理とのペアリングにも使いやすくなります。そこには、今後日本酒がさまざまなタイプのレストランで使われるようになる可能性が秘められていると感じています。

生酛、山廃の使いどころ

生酛、山廃が使われる理由

　日本酒の生酛と山廃も、近年レストランで使われる機会が増えた造りです。野生の乳酸菌を取り込んで造る「生酛」と、生酛造りの一工程である山卸（※7）を廃止した「山廃」は、一般的にどちらもリッチで丸みあるテクスチャー、ミルキーな乳性系の香り、そして酸味が特徴です。生酛と山廃の甘、旨、酸が組み合わさった「甘酸っぱい」「旨酸っぱい」味わいは、ややコクのある料理全般と合わせやすく、この酸味のおかげで、ワインと同じ感覚で料理との相性を作りやすいというのが、利用機会が増えた理由の一つでしょう。

※7
生酛造りの工程の一つで、酒母を作るタンクに入れる前に、蒸米、米麹、水を合わせて櫂棒ですりつぶす作業のこと。これにより米が溶けやすくなる。山卸の工程を廃した酒造りを山廃と呼ぶ。

乳製品との相性が抜群

　生酛、山廃の乳性系の香りと酸味は、チーズやクリームといった乳製品との相性が抜群です。たとえばグラタンのような料理なら、酒の酸味で油脂の重さを中和でき、食べ進めやすくなります。ブール・ブランのようなソースも、香りの同調に加え、コクと酸味のバランスが似ているのでよく合います。焼いた白子もいいですね。ミルキーな味わいと柔らかなテクスチャーが相性ぴったりです。

　一方で、乳性系の香りがあっても、たとえば白身魚のカルパッチョとサワークリームのソースや、白和えといったやさしい味わいの料理の場合、料理が軽いためクラシカルな生酛、山廃を合わせるのは難しいでしょう。この場合、現代風のフレッシ

ュな生酛なら風味にもボディにも軽さがありよく合いますし、一部の速醸タイプで透明感のある柔らかな味に造られた日本酒も合います。

旨味・甘味の重さに注意

　もともと、日本酒はワインに比べて「甘い」「旨い」「アルコールが高い」という重さの要素が多くあります。そのため、ペアリングの基本である「重さを揃える」がきちんとできていないと、料理に対してオーバーウェイトになってしまいやすいので注意が必要です。

　また、重さのバランスが合っていても、一杯の量が多かったり、コースの前半に提供したりすると、酒の重さによって、後に続く料理が食べきれなくなる可能性すらあります。そうした場合は日本酒にこだわらず、同じく乳性の料理と相性のよい、マロラクティック発酵させたブルゴーニュのシャルドネなどが、よりフレッシュな酸味を持ち合わせているので適切です。

Column

「モダン生酛」の世界

　生酛と山廃に共通する特徴が甘味と酸味のコントラストですが、上質な酒になると、この味わいのコントラストが互いに溶け合い、「整ったテクスチャー」を生み出す要素となります。

　現在は、そうした上質さを持ちながら、一般的な生酛、山廃に比べて香りがピュアでフレッシュ、旨味や甘味が抑えめで、酸味もバランスよく、アルコール度数も13％程度と低めのお酒を造る蔵元が出てきました。まさに「モダン生酛」です。このスタイルであれば、カルパッチョのような繊細な料理とも合わせられます。ひと口に生酛と言っても、蔵によって米選びから醸造過程まで本当にさまざまで、日本酒の世界は従来のカテゴリーだけでは味わいの個性を語り尽くせなくなっています。

日本酒をペアリングに使うなら？

～ Ăn Cơmのコースを例に ～

ペアリングを日本酒のみで構成する場合、旨味と甘味で舌が疲れてしまわないように、お酒の味わいや温度を変えながらコースを進めていきます。少し強めの酸味や、しっかりとしたコク、香りのヴァリエーションなど、味わいに特徴的な部分のあるお酒がいくつかあると、ペアリングの流れも作りやすいでしょう。

ただし、私は個性の強い、いわば「飛び道具」的なお酒ばかりでなく、日本酒がそもそも持っている甘味、旨味のやさしい世界観のあるお酒も使い、現代の日本酒の味の幅広さを表現したいと思っています。

基本的には、コースの序盤は旨味や甘味の少ないお酒や、酸味やガス感などがありフレッシュさを感じるお酒を、終盤に向けてコクのあるお酒を、といったワインペアリングと同様の流れを作り、料理ごとに温度など提供方法を調整していきます。

01

パパイヤのサラダ

✕

甘味が控えめなスパークリング

コース1品目に出すサラダです。ライトな料理なので、日本酒もライトなスパークリングタイプを。ただしスパークリング日本酒の多くは甘味が強く、酸味もワインと比べると控えめです。軽さを出すために、甘味とアルコールが控えめなタイプを選びます。

Ăn Cơmでは、滋賀県・冨田酒造の「七本槍 awaibuki」の特注品を使っています。もともと甘味、アルコールを抑えた造りのawaibukiから、さらに甘味を切ってもらい、酸味が味わいを牽引するようなドライな味わいにしていただきました。アルコール度数が5％程と低いため、食前酒としても、サラダのようなライトな料理ともバランスがよいです。またこのお酒が持つにごりによって、低アルコールの割に、味わいに適度な厚みと飲みごたえが出せます。

他にドライなスパークリングとしては、熊本県・花の香酒造の「産土 エフェルヴェセント」もドライで伸びのある日本酒です。

02

サーモンタルタルのえごま巻き
サワークリームと
ココナッツのディップ

×

白麹を使った酸の高い生酛造り

サワークリームとココナッツのディップをたっぷりつけて食べてもらう料理です。合わせるのは**秋田県・新政酒造の「亜麻猫」**。焼酎に使われることが多い白麹を使っているため酸が強めで、甘味と芳醇な風味とのバランスがよく、生酛由来のやや乳性の風味があります。ミルキーでコクと酸のあるディップと同じ味わいの構成を持つ日本酒であり、味わい全体を後押しするようなペアリングとなります。

03

ホワイトアスパラガスと
シラスの生春巻き

×

やわらかな純米酒

ホワイトアスパラガスのピクルスと葉野菜などをシラスと一緒に巻いた生春巻に、ホワイトアスパラガスのピュレにパッションフルーツを合わせたソースの組合せ。シラスと野菜のやさしい旨味の世界観です。食感も柔らかいので、お酒は料理のやさしさをそのまま楽しめるような柔らかさのある、**福岡県・白糸酒造の「田中六五」**を。甘味や旨味が控えめながらも十分に味わいがのっており、丸みのあるテクスチャーで、よくバランスがとれたお酒です。こうしたタイプのお酒は、デリケートでやさしい旨味を持った料理と合わせ、テクスチャーの一体感や旨味の相乗効果を狙うペアリングに向いています。

生春巻きは定番品と
季節の品があり、
時季に応じていろいろな
ペアリングを
提案してます。

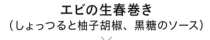

エビの生春巻き
（しょっつると柚子胡椒、黒糖のソース）
×
自然酵母＋生酛造り

生野菜が主体なのでお酒が重すぎると料理が負けてしまい、クリアでライトな日本酒では、逆にしょっつるソースの風味にお酒が負けてしまいます。そこで選んだのが、**栃木県・せんきんの「仙禽オーガニック・ナチュール」**。自然酵母の生酛造りで、ナッツ様の軽やかな香りが、しょっつるの香りと寄り添います。やさしく広がる旨味と酸味のバランスがよく、甘味も控えめなので野菜主体の生春巻きにも重すぎません。

サバの味噌煮の生春巻き
（味噌とタマリンドのソース）
×
菩提酛造り

味噌やタマリンドが香るソースのインパクトに負けないように、高い酸を持つ濃醇な菩提酛である**千葉県・寺田本家の「醍醐のしずく」**を。シンプルに言うと「旨酸っぱい」同士の組合せです。またこのお酒には、独特の米糠っぽいニュアンスの香りがあり、それと味噌との香りのハーモニーも面白いペアリングとなります。

04
揚げ春巻き
×
軽めの熟成酒の燗冷まし

香ばしく、熱々の揚げ春巻きの中身は、筑前煮、おからといった比較的旨味のある具材です。軽く熟成したお酒を燗冷ましにし、香りと重さを合わせます。たとえば、**新潟県・渡辺酒造店の「根知男山 越淡麗」**。新潟は淡麗辛口で知られる土地柄ですが、これはきれいな熟成をさせているお酒で、熟成由来の旨味と軽やかさを併せ持っています。燗冷ましにして旨味をやさしく露わにし、ナッティな香りを強調させ、料理の旨味との相乗効果、香ばしい香りとのハーモニー、高めの温度による一体感を楽しんでもらいます。

05

アジアンスパイスのスペアリブ
×
旨味、コク、酸のある
古酒を常温で

香ばしく焼いたスペアリブと、口中にまとわりつくような旨味と甘味の強さがあるソース。アプローチとしては、コクのある日本酒を温めて、重さを合わせながら油脂分とバランスをとる方法もありですが、もしぬる燗を前の料理で出しているなら、提供温度を変えたいところです。コース終盤であれば思いきって、料理と同じ重さのお酒を常温で合わせて、強いもの同士の重さ、コクを存分に楽しむのもいいと思います。たとえば、**岐阜県・白木恒助商店の「達磨政宗 五年 古酒」**を常温で。旨味とコクが強い長期熟成のお酒ですが、酸もしっかりしているので、味わいのバランスがよいです。熟成によるキャラメル様の香りと甘いソースとのハーモニーも楽しめます。

06

フォー
×
旨味の強い純米酒をぬる燗で

前のお酒を常温で出していれば、温かいフォーにはぬる燗を合わせたいですね。スープは魚醤が入っていて、旨味がしっかりしています。スープの旨味に負けない味すじの日本酒をぬる燗にしてさらに旨味を引き出し、温度感も寄せていきます。旨味豊富な味わいの純米酒や熟成純米酒を造ることで有名な**香川県・丸尾本店**。その中でも**「悦凱陣 純米吟醸 興」**は重さがフォーのスープとちょうどよく合い、口の中で互いの旨味がぐんと広がります。双方とも余韻がとても長いので、余韻だけで旨味と旨味の相乗効果を楽しめます。

日本酒は本当に飲んでみないと味がわかりません。いろいろなお酒を飲んでペアリングの幅を広げましょう！

酒蔵ミニマップ

今回紹介した酒蔵のミニマップです。この他にも、意欲的な酒造りに取り組んでいる蔵が全国にあります。自分のペアリングに合うお酒をぜひ探してみてください。

※カッコ内は代表的な銘柄を示す

冨田酒造

「七本槍 無農薬純米 無有」
「七本鎗 awaibuki」
滋賀県長浜市

日々醸造

「日日 秋津山田錦 自社田」
京都府京都市

王祿酒造

「超王祿 本生」
島根県松江市

白糸酒造

「田中六五」
福岡県糸島市

丸尾本店

「悦凱陣 純米吟醸 興」
香川県琴平町

花の香酒造

「産土 穂増」
「産土 エフェルヴェセント」
熊本県和水町

突出しない柔らかさの「田中六五」

「田中六五」は、「ゼリーのような食感」を目指していると造り手が話しており、酸味や旨味などの飛び出た特徴はありませんが、とても柔らかなテクスチャーと、フィニッシュの透明感が個性です。この蔵では「羽根木搾り」という昔ながらの搾り機を使い、とてもゆっくりと搾っています。こうした搾り方が引き起こす微量の酸化が、フレッシュさの中に柔らかさを与えるなどよい影響をもたらしているのではないか、と感じています。

新政酒造
「亜麻猫」
秋田県秋田市

せんきん
「仙禽オーガニック・ナチュール」
栃木県さくら市

渡辺酒造店
「根知男山 越淡麗」
新潟県糸魚川市

水戸部酒造
「山形正宗」
山形県天童市

白木恒助商店
「達磨正宗 五年 古酒」
岐阜県岐阜市

萬乗醸造
「醸し人九平次
黒田庄町門柳」
愛知県名古屋市

寺田本家
「醍醐のしずく」
千葉県神崎町

木屋正酒造
「而今 純米吟醸 山田錦」
三重県名張市

今西酒造
「みむろ杉 木桶菩提酛」
奈良県桜井市

油長酒造
「風の森」
奈良県御所市

「醍醐のしずく」とフレーバーの個性

寺田本家「醍醐のしずく」の大きな特徴ともなっている、米糠や乳酸を思い起こさせる特有のフレーバー。これは、日本酒の品質評価では減点される「オフフレーバー」と考える人も多いと思います。日本酒は従来、透明感やクリーンな香りが評価され、さまざまな要因で生まれる特異な風味などは、減点対象とされやすいのが通例です。醸造学的にはそれもひとつの指標ですが、そうした風味であっても、生産者のキャラクターとして打ち出されたものだったり、味のバランスが興味深く「おいしい」と感じられるなら、私は問題ないと思っています。むしろペアリングの観点では、そうした個性を生かせる場面が多々あります。

ナチュラルワイン

「今」の料理に合うナチュラルワイン

　ここ数年で、カジュアル店から高級店まで、ナチュラルワインを扱うレストランが増えました。西洋料理だけでなく、和食や中国料理とナチュラルワインの相性のよさを感じている人も多いのではないでしょうか。

　ナチュラルワインの味わいは、

・口あたり、食感が柔らかい
・旨味を感じやすい
・魚介類と合わせた時に生臭さが出にくい

　といった傾向があります。この特徴は、一般的なワインとの造り方の違いで生まれます。

　そもそも、ナチュラルワインとは何でしょうか？　フランスのINAO（※1）が2020年に定めた基準では、有機認証を受けたブドウを手で収穫し、野生酵母のみでの醸造、亜硫酸総添加量30mg／L以下……など複数の項目があり、ブドウ栽培から醸造まで、人間の介入が少ない造り方を定めています。中でもナチュラルワイン特有の味わいを生む一つの要因となっているのは、亜硫酸使用量です。

　ナチュラルワインの亜硫酸使用量の基準は一般的なワインよりもだいぶ低く、1/2～1/3量以下です。亜硫酸は、ワインの味

※1
Institut National des Appellations d'Origine（国立原産地名称研究所）。ワインの原産地名称を管理・保護するフランスの公的機関。

を引き締めるストラクチャーを作り、風味をクリーンなものにします。そのため、亜硫酸の少ないナチュラルワインは、相対的に柔らかい食感となり、風味もオーセンティックなワインとは異なります。これらがいわゆる「体にしみ入るようなやさしさ」や「飲みやすさ」にもつながっています。

　また、清澄や濾過をしないことも、食感の柔らかさに寄与します。にごりの一部はタンパク質（プロテイン）などでできている酵母由来の固形分によるもので、細胞壁を作るマノプロテイン（※2）などはワインの食感に影響を与えます。このにごりの食感が、亜硫酸が少ないことで感じられる食感と相まって、よりやさしいテクスチャーを生み、旨味を感じさせやすくしていると考えられます。

　このようなスタイルから、従来のペアリングにはあまりなかった「旨味の相乗効果」という使い方ができる点も、ナチュラルワインの面白さです。とくに素材重視の現代的な料理、旨味が主体の料理が多い和食や中国料理、アジア各地の料理との相性は抜群です。

※2
51ページ欄外注2を参照。

酸化と微生物汚染を止める亜硫酸

　そもそも、ワイン造りでなぜ亜硫酸を使うのでしょうか？一つは微生物の殺菌および増殖の阻止、そしてアセトアルデヒドなどとの結合促進（防臭効果）、さらには酸化防止のためです。亜硫酸は、亜硫酸耐性のあるワイン酵母（サッカロマイセス・セレビシエ）の活動を抑えることなく主にこの3つの働きができるため、広く使われています。

　ブドウを搾ったばかりの果汁は、酸化や微生物汚染をしてしまう可能性があるので、プレス後すぐに亜硫酸を加えて、それらから守ります。その後しばらくすると酵母が働き始めて果汁の中の糖を代謝し、アルコール発酵が進むという仕組みです。

　亜硫酸は、果汁の中で徐々にアセトアルデヒドや糖などと結

びついて結合亜硫酸となり、微生物等の活動を抑えこむ機能を失います。そのため、最初に加えた亜硫酸は、アルコール発酵が終わる頃にはほぼ御役御免です。続いて乳酸菌が、ワイン中のリンゴ酸を代謝し始め、マロラクティック発酵（※3）が始まります。もし造り手がマロラクティック発酵を好まなければ、ここでもう一度亜硫酸を加え、乳酸菌の活動を抑えた状態でワインを樽やタンクに入れて熟成。そして、瓶詰めする頃にはまた亜硫酸は役割を失っているため、最後にもう一度亜硫酸を加えるというのが一般的な流れです。

　ナチュラルワインは、この亜硫酸量を少なくし、適切なpHと温度で健全なブドウを発酵させることで、亜硫酸に頼らずおいしいワインを造っているのです。

※3
Malolactic fermentation (MLF)。乳酸菌がワインのリンゴ酸（Malate）を乳酸（Lactate）と炭酸ガスに分解する発酵のこと。ワインの酸度が下がる、酸味が和らぐ、ダイアセチルの生成により杏仁豆腐やバターのようなアロマが生まれ複雑さを与える、などの効果がある。

魚介料理とワインの相性

　ワインと魚介を合わせた時、不快な魚の生臭みが生じることがあります。その最大の原因は鉄分、正確にはワイン中に存在する「二価鉄イオン（Fe^{2+}）」です。二価鉄イオン（Fe^{2+}）が魚介の脂質である不飽和脂肪酸の酸化を促進することや、素材の鮮度や調理の結果として蓄積する過酸化脂質が二価鉄イオンと反

応することで、特有のにおい成分を発生させていることが近年の研究で明らかになってきました。亜硫酸でも同じような反応が起こると示唆されてはいますが、現在のところ化学的に解明されていません。

　一方、過酸化脂質は「三価鉄イオン（Fe^{3+}）」には反応しないこともわかっています。そのことから、ワイン中の鉄分が酸化によって二価から三価になっている場合、この反応は起きない（つまり、魚介と合わせても不快な生臭みが生じない）と思われます。

　すべてのナチュラルワインに当てはまるわけではありませんが、ナチュラルワインの白ワインは果汁のプレス時に酸化的（※4）に処理することが多いので、この時点で鉄分が析出したり、三価になっていたりすることも多くあると考えられます。また生産者によっては熟成も酸化的に行うので、その時点で鉄分が三価になる可能性もあります。

　ちなみに、魚介の「生臭み」は、バターやオリーブオイルなどの「油脂」が持つ「におい物質を空中へ放散するのを抑える」作用によっても、抑制されることがわかっています。そのため、料理のスタイルによっては、ワインの種類に関わらず生臭さを感じないこともあります。また、酸味が強く出た白ワインやレモン果汁には鉄のキレート作用（有機酸が「鉄」を包み込む作用）があること、シェリーや甲州種のワインには鉄分の含有量が比較的少ないことなども、生臭さを強く感じさせない一因となっています。

ナチュラルオレンジワインの「旨渋さ」

　ワインには赤、白の他に、白ブドウを赤ワインのように皮とともに醸し、発酵させて造る「オレンジワイン」があります。もともと、約8000年前にジョージア（旧グルジア）で造られ始め、2013年には伝統的なクヴェヴリ（土器）で発酵・熟成されるジョージアワインの製造方法がユネスコ世界無形文化遺産に登録さ

※4
果汁やワインと酸素を触れさせて状態をコントロールする醸造手法。

れました。近年世界中で、その手法に倣って、さまざまな品種を使ってクヴェヴリでオレンジワインを造る醸造家も増えています。

　オレンジワインは、現代のワインの起源とも言える原始的な造り方であるため、多くのナチュラルワインの造り手が興味を示しています。そのため、オレンジワインを探すと、ナチュラルワインであることも多いでしょう。

　オレンジワインの味わいは、タンニンのある「渋い白ワイン」と考えるとわかりやすいと思います。ペアリングにおいては、渋みがあることで油脂分を中和できるのがポイントです。赤ワインにも渋みがありますが、ベリー系の香りもあるため、香りのハーモニーを作るには、合わせる食材や調味料、調理法が限定されてきます。たとえば魚介や白身肉のフライをタルタルソースや味噌のソースで食べる場合、必ずしも赤ワインのベリーの香りは必要ないでしょう。そこで、オレンジワインの渋みで油脂分のみを中和する、という使い方が浮かんでくるわけです。とくにナチュラルオレンジワインであれば「旨渋い」といった他のワインでは見られない味の世界観を持っているため、独自のペアリングを提案することができます。

ナチュラルワインをペアリングに使うなら？

Case 1

鶏の水炊き
✕
ライトでドライな白ワイン

温かくさっぱりとした、柚子の香るような水炊きを塩ポン酢で楽しむなら、ライトでドライなナチュラル白ワインと好相性です。すっきりとした冷たい白よりも、酵母由来の旨味を持つナチュラルな白を少しだけ高めの温度で、テクスチャーを寄せながら楽しみたいですね。温かい料理の柔らかさや旨味との一体感、相乗効果を余韻で楽しめます。また、ワインにわずかな塩気があると料理の旨味を生かしてくれます。つけだれが醤油の入ったポン酢の場合は、ライトボディのナチュラル赤ワインのほうがおいしくいただけます。

Case 2

味噌系の料理
✕
オレンジワイン（ムツヴァネ）

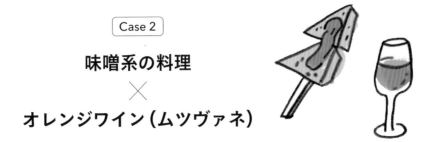

味噌とナチュラルオレンジワインは僕の好きな組合せです。味噌田楽のような料理であれば、旨味の相乗効果を楽しみながら、味噌の旨味でワインの渋みがマイルドになり、バランスがとれます。豚肉の柚子味噌焼きであれば、ジョージアのブドウ品種ムツヴァネの、ストーンフルーツのようなアロマと豊かな味わいが柚子味噌と相性よく、渋みも強めなので豚肉の歯ごたえともバランスがよいです。

Case 3

キノコと生ハムのかき揚げ
×
オレンジワイン（ルカツィテリ）

揚げ物とナチュラルオレンジワインの組合せもとてもお勧めです。たとえば、ジョージアのブドウ品種ルカツィテリで造られるワインは渋みが強く、土っぽいフレーバーを持ち、果実のアロマは控えめです。この特徴的な渋みで料理の油を切りながら、生ハムの強い旨味とワインの旨味との相乗効果を楽しみます。またキノコやスパイス系の香りとも相性がいいのがルカツィテリの特徴です。

Case 4

ウニの軍艦巻き
×
ヴァン・ジョーヌ

ウニのような強い旨味には、ヴァン・ジョーヌのような酸化熟成したワインを試してみてください。ヴァン・ジョーヌの塩気と酸味のある味わいが、ウニの旨味とともに五味のおいしいバランスを作り上げます。塩、旨、酸は「おいしさ」を作る上で重要な3大要素なのです。

Column

「クリーンナチュラル」の可能性

　一部のナチュラルワインからは、ツンとする揮発酸の香りや腐敗酵母であるブレタノマイセス汚染、酸化、還元、マウジー（日本ではマメ臭と呼ばれます）などが感じられることがあり、正直出どころがわからない香りや物質も存在します。品評会のテイスティングでは、ほとんどの場合これらの香りは「オフフレーバー」として低く評価されます。ですが、これらのアロマが複雑性や個性となって、結果的に「おいしい」と感じられることもあります。要はバランスの問題です。ただどのようなオフフレーバーが、そのワイン中に存在しているか認識しておく必要はあります。
　しかし、マウジー（マメ臭）は少しでも出始めるとどんどん強くなり、ワインのフレーバーをすべてマスキングしてしまうので、許容するのが難しいところです。なぜならワインの本質は、テロワールであることは間違いなく、造られた場所由来の味わいを、おいしさとともに表現していることがもっとも大切だからです。オフフレーバーの有無に関わらず、そのような、テロワールも明確に表現しているナチュラルワインを、私は「クリーンナチュラル」と呼んでいます。

テロワールとは何か？

ヨーロッパと新世界のワイン

　テロワールとは、「ワインの味わいに影響を与える自然環境要因」のこと。「地質」「土壌」「気候」「地形」という4つの要素が互いに関係し合い、その土地独自のテロワールが形成されます。

　世界的な視点で見た時にテロワールによる味の違いが分かりやすいのが、フランスなどヨーロッパのワインと、オーストラリアや米国など新世界のワインです。とくに、気候による果実味の違いは顕著。ブドウは温暖で日照量が多い地域ほどよく熟し、果実味も強くなります。逆に、冷涼な地域では果実味は控えめになります。そのため、ヨーロッパと新世界では、平均気温や日照量の高い産地が多い新世界のほうが一般的に果実味が強いワインができます。

果実の成熟とテロワール

　果実の成熟には、物理的な成熟と、フェノール（※1）の成熟があります。糖が上がって酸が落ちる物理的な成熟に対し、フェノールの成熟はアロマやタンニン等の成熟ということができます。

　フェノールの成熟は、物理的な成熟よりも、樹になっている期間（ハングタイム）を長くとることでゆっくり上がります。秋

※1
芳香族化合物のひとつ。ブドウは熟成するにつれて多くのフェノール化合物を生成し、これらがワインの味や色、口当たりに影響を与える。

フランス・ブルゴーニュと
オーストラリアを例に、
ヨーロッパと新世界の
テロワールを
比べてみましょう。

bow
wow!

Bourgogne

ブルゴーニュは新世界に比べ、日照量が少なく（気候）、それゆえに日射の強い斜面の畑が好まれます（地形）。また秋雨の多い産地でもあるので（気候）、斜面は水はけのよさという利点もあります（土壌）。

Australia

オーストラリアでは、日照量が多いので（気候）、畑は平地でも問題ありません（地形）。また、降雨量の少なさから灌漑を実施することも多く（気候）、水はけのよさ（土壌）は必ずしも利点となりません。

雨の多いヨーロッパでは、ブドウが余分な水分を吸わない
よう、秋雨が本格化する前に収穫を終えるのが通例です。
　一方で、秋雨のない地域が多い新世界では、ハングタイ
ムを長くとることができ、これがフェノールの成熟を促しま
す。果実とフェノールの成熟度がともに上がることで、ワイ
ンのアルコール度が上がり、風味も甘やかなニュアンスが出
てきます。そしてリッチで芳醇なフレーバー、ジューシーな
バランス、やや甘やかな風味といった、「新世界らしさ」が、
地域によってその強さは変わるものの、表現されるのです。
　降雨量の多少は、ブドウの収穫期だけでなく、生育期
にも影響し、降雨量が少ないほうが熟度や凝縮感は増し
ます。ただし、降雨量の多い産地も、土壌の水分保持
能力（水はけ具合い）が最終的にブドウの特徴を決定
づける要因の一つとなります。

テロワールと気候変動

　現代のテロワールに大きな影響を与えている要素に、気候変
動が挙げられます。地球温暖化により従来は冷涼地域とされて
いた地域でブドウが熟しやすくなったり、新たにブドウ栽培に
向く地域が現れるなど、ワインの味わいや生産地図、注目され
る産地も変わってきました。
　近年はフランスでも過去にないほどに暑くなる年が増え、
これまでに比べ果実味が強く表現されるワインも現れてきまし
たので、以前より差が分かりにくい年もありますが、それでも
なお、ヨーロッパと新世界の味わいの違いに気候は大
きく関与しています。

テロワールを構成する4つの要素

━━▶ は影響を及ぼす向きを示す

【地質】
Geology
表土の下にある、はるか昔の自然環境を反映した岩石。

【気候】
Climate
日照量、日照時間、降雨量、風など

過去のある時代の気候などの環境が、その時代の地質構成の要因となる。

地質の一部が風化して土壌の一部になる。地盤の隆起や沈降によって生まれる斜面は、断層を境に、同じ斜面上の地質の時代が異なる。

昼夜の気温差による土壌の風化、雨による土壌の形状の変化など。

斜面の傾斜により日射量が大きく変わる。また谷間などの地形により風の通り道ができ、微小気候を生む。

【土壌】
Soil
地質の表土

気候、地質、地形の影響が最終的に土壌に集まる。とくにブドウの味わいへの影響として、混入している有機物と無機物の種類やバランス、ストラクチャーやテクスチャー、水の保持率、色合いなどが注目される。

【地形】
Terrain
山、傾斜、谷など

傾斜による表土の侵食などに影響。それにより斜面上部と下部の表土の厚みが変わり、有機物質と無機物質の混入具合のバランス、水の保持率などが変わる。

「地質、気候、地形はいずれも土壌に
何かしらの影響を与えており、
土壌がもっとも重要であるとも言えるが、
他の三要素を無視することは
決してできない」

この他に、
その地の伝統的な
栽培手法や、
土壌に生息する微生物
（マイクロオーガニズム）の
種類やバランスも、
テロワールとして
ブドウに影響を与える
大事な要因です

暑い地域のブドウの酸味は、夜に失われる

　ヨーロッパのワインと新世界のワインの味わいのもうひとつの大きな違いは、果実味と酸味のバランスです。新世界のワインは、甘やかな果実味がある一方で、酸味もある程度しっかりしていることが多いです。この理由のひとつに、日中と夜間の気温差が比較的大きいことが挙げられます。

　植物は、夜間など光合成をしていない時は呼吸によって酸を消費するため、果実の酸味が減っていきます。呼吸量は気温が高いほど増えるので、夜間に暑い地域では酸がたくさん減り、逆に涼しければ酸は残ります。昼夜の寒暖差が大きな場所では、日中は果実の熟度が上がって果実感が増し、夜は酸をあまり減らさないため、充実した果実味としっかりした酸のコントラストというバランスの味わいになります。これが、新世界でよくあるパターンです。

　ヨーロッパの場合、一日の寒暖差が新世界に比べて小さいことが多いので、果実感と酸味のコントラストは新世界ほど大きくならないと言えます。また、平均気温も低いため、ヨーロッパらしい繊細で上品な果実感と伸びのある酸味というバランスになりやすいです。もちろん地域によっては、品種の個性として豊潤になるものも、酸が残りやすいものもありますが、一般的にはこのようにとらえることができます。

　また、タンニンなども、日照量の多い産地ではタンニン量が重合（※2）しているので、渋味と言う点においては、あまりドライではなく強い収斂性を感じさせないというのもテロワール由来の特徴です。ただ、ブドウのフェノールの熟度を上げるためのキャノピーマネージメント（※3）によってもニュアンスは変わってきますし、タンニンにおいてはマイクロオキシデーション（※4）という醸造技術でタンニンを重合させたり、澱として析出させてその量を減らすことも可能です。

※2
重合は、重合体（ポリマー）の合成を目的にする化学反応の総称。ワインにおいては、タンニン成分自体が非常に酸化されやすい物質なので、ワイン中に溶けている酸素と反応して他の物質と結合したり、自らが重合したりして、より大きな分子（高分子）へと変化する。タンニンは、小さな分子の時は苦味を、大きな分子になると渋みを感じるようになる。しかし大きな分子は時間の経過とともにワイン中に溶けていられなくなり、最終的には澱となって沈殿する。その結果、ワイン中の他の成分の酸化を防止すると同時に、熟成したワインに見られるように、苦味や渋みが低減することになる。

※3
Canopy management。ブドウの葉を取り除いたり摘果したりして樹勢や日当たりをコントロールすること。ブドウの収穫量を最適化したり、熟度のコントロールや病気を予防するために行う。

※4
Microoxidation（Microoxigenation ／マイクロオキシジェネーション）。醸造中のタンク内に微細な酸素の泡を供給し、酸化熟成を促す手法。

新世界ワインとペアリング

　ヨーロッパと新世界のテロワールの違いを、ペアリングの観点から考えてみましょう。

　新世界の赤ワインと、ベリーなどフルーツのソースで食べるような甘酸っぱい料理とは、同じ「甘酸っぱい味同士」で合わせやすい組合せとされてきました。実際にそうなのですが、でも、少し見方を変えて味わいの「コントラスト」にフォーカスすると、もっと面白いペアリングになるかもしれません。

　たとえば、旨味と酸味がはっきり効いている料理に、果実味と酸味に富んだ新世界のワインの組合せ。「味のコントラストが大きいもの同士」のペアリングで、「旨酸っぱい料理」に「甘酸っぱいワイン」を合わせる発想です。

　このように、同じ味わいをそのまま重ねるのではなく、同じようなテクスチャーバランスを伴っているけれど、味わいは異なる料理とワインを重ねると、ペアリングがより個性的で印象的になることがあります。

　具体例として、焼いた鶏肉に、濃厚な旨味のオイスターソースにヴィネガーで酸味を加えたソースを合わせるケースをイメージしてください。ソースの濃厚な旨味や酸味とバランスをとるには、果実味が控えめなフランス・ブルゴーニュ地方のピノ・ノワールより、新世界の甘酸っぱいワイン、たとえばニュージーランド・セントラルオタゴ地方のピノ・ノワールなどのほうが相性がよいと想像できると思います。

　コントラストに着目したペアリング手法は、日本酒の世界でも応用可能です。Ăn Điではホタテとシャインマスカットで作った旨酸っぱい生春巻きに、甘酸っぱい日本酒をペアリングすることがあります。料理と日本酒が口内調味で合わさることで、味わいのバランス感は同じままに、より複雑な味わいの広がりを見せてくれます。

冷涼地域のテロワール

冷涼地域産ワインの共通点は？

　近年、冷涼な気候の産地で造られるワインの注目度が高まっています。冷涼地域ではブドウの糖度が上がらず、ワインは低アルコールに仕上がります。味わいの面ではフレッシュで伸びやかな酸味とチャーミングな果実感のある、ライトボディからミディアムボディのワインになります。これらの特徴から、冷涼地域のワインは、素材重視でライト化している現在の食シーンで使われることが増えているのです。

　世界にはさまざまな冷涼産地があり、特有の共通点を持ちながら、それぞれのテロワールによる味わいの個性も備えています。たとえば冷涼な地域で栽培されるシャルドネはレモンのような香りが出やすく、ブルゴーニュのシャブリ、南アフリカのエルギン、オーストラリアのタスマニア、カナダのナイアガラなどの地域のシャルドネには確かにレモン様の香りが感じられます。

　ですが、ブルゴーニュでもシャブリより温暖なムルソーやシャサーニュ・モンラッシェなどからはそうした香りは感じられません。ムルソーなどに感じられる洋ナシや白桃など「ストーンフルーツ」の香りはヨーロッパワインのイメージが強く、ここにレモンのニュアンスが加わるとタスマニアやエルギンに見られるスタイルとなります。

　標高の高さと大西洋からの南風を受けるエルギンも、南極海からの風を受けるタスマニアも、冷涼でハングタイムが長いのが特徴です。平均気温の低い地域の特徴であるレモン様の香りと合わせて、ストーンフルーツの香りが出てくるのは、ハング

タイムの長さによるためだと考えられます。

　オーストラリアのタスマニアと南アフリカの
エルギンはお互いに近い香りのニュアンスを
持ち、果実味と酸のわずかなコントラストを
呈しながら、従来の新世界ワインに多く見
られる派手さはなく、冷涼地域ならでは
のフレッシュな味わいのまとまりを見せ
ます。

　世界のテロワールを俯瞰的な目線で
捉えると、平均気温、日照量、ブドウ
の成熟期の降雨量やハングタイムの長
さなどから、味わいの傾向が見えて
きます。

作り手の意図で広がる
「ヴァリエーション」

南アフリカのエルギンや
オーストラリアのタスマニアは
近年、冷涼産地として
特に注目を集めています。
さらには
カナダや南イングランドなどの
ワイン生産国でも、
温暖化により
新たな動きが出ています。

　近年は、新世界ワインの特徴とされてきた強い果実感だけに
イニシアチブをとらせない生産者も増えてきました。柔らかい
ストラクチャーと果実味は欲しいけれど、重さは欲しくない。
果実味の甘いニュアンスは欲しいけれど、きれいな酸も同時に
欲しい。熟しているけれど、アルコール度数のあまり高くない
ものがいい。そうした需要を満たしてくれるワインが多くなっ
ています。

　こうなると、もはやテロワールだけでは語れず、「誰が」「何を」
意図して造ったワインかが重要になります。新世界では、収穫
を早めたり（アーリー・ピッキング）、抽出を軽くすることでライ
トなワインを造る生産者もいます。もちろんテロワールによ
り大筋の味わいは決まるのですが、そこから先は、作り手の意
図、世界観も大きく反映される。それが現在の、ワインのヴァ
リエーションの豊富さを作っています。

テロワールで生まれる塩気

ワインの塩気の概念

　ワインの味わいのひとつに、「塩気」があります。実際は塩化ナトリウム由来のしょっぱさではなく、感覚的にしょっぱいと感じる味です。この塩気は、魚介料理などヨード的な風味と相性がよかったり、和食や中華料理の旨味を引き上げたりできるため、私はペアリングの味わいのキーとしてよく使います。

　ワインの塩気は、ブルゴーニュのシャブリ（シャルドネ）、ギリシャ・サントリーニ島のワイン（アシルティコ）、スペイン・カナリー諸島のワイン（パロミノ）など、いくつかの産地の果実感が控えめなワインに顕著に見られます。実際に海に近い産地では海風にさらされることでブドウに塩が付着し、ワインは塩気を帯びます。一方、シャブリのように海から遠い場所では、ワインの果実感は塩気を抑制するので、逆に果実感が控えめなワインの場合に塩気を感じやすくなるのではないかと考えています。

以前、岩手で牡蠣の産地を訪ねた際は、生牡蠣にポルトガルのヴィーニョ・ヴェルデを合わせました。フレッシュでライトな生牡蠣の塩味と、ライトなワインの塩気と酸味とで一体感を作る例です。

ワインの塩気をペアリングに生かす

　ワインの塩気は料理の塩味よりもかなり繊細なので、やさしい塩味や旨味の魚介料理や野菜料理と好相性です。たとえば貝の酒蒸しや生牡蠣、塩ポン酢で食べる鯛しゃぶ、中華の塩味の海鮮あんかけなどが思い浮かびます。

　生牡蠣と言えば、昔から親しまれているシャブリとの組合せも理にかなっています。ただし、シャブリの場合は塩気以外にも相性のよさの理由があります。シャブリはマロラクティック発酵を

するのが通例です。このマロラクティック発酵によるミルキーな
香りが、若干ミルキーな風味を持つ牡蠣とよく合い、一体感が
増すのです。フランスでポピュラーな、ライ麦パンに発酵バター
と牡蠣をのせる食べ方になるとボリューム感が上がるので、より
上位のクラスのシャブリとの相性が楽しめます。また、加熱によ
って牡蠣の味わいが凝縮されたり、副材料や調味料で複雑味が
増せば、ワイン側はアルコール度数が高いものや樽香のあるも
の、赤ワインも合ってきます。

　少しアレンジしたペアリング例として、Ăn Điの「シラスとア
オサノリの生春巻き」に、スペイン・カタルーニャ産のチャレッ
ロから造られる白ワインの組合せがあります。生春巻きは、シラ
スとアオサノリをリンゴやレンコンのピクルスと一緒に巻き込ん
で、黒ダイコンに焦がしバターを加えたディップで食べてもらう
というもの。ディップの味にやや厚みがあるため、イースティー
な旨味と塩気のあるワインを選びました。直接的な料理の塩味
ではなく、余韻に残るシラスとアオサの磯のフレーバーにワイン
の塩気が調和し、香りがぐんと膨らみます。

造り方も塩気の要因に

　ワインに塩気が生まれる理由は産地や醸造方法の違いなど、
さまざまなケースが考えられます。たとえばオーストリアのリー
スリングは塩気を感じさせるミネラリーさがあり、香りが抑制さ
れたものが多いです。しかしすべてのリースリングに塩気がある
わけではなく、むしろ他の産地ではアロマティックなタイプが多
く、塩気をさほど感じさせません。

　また、海岸から近い畑のブドウは海風の影響を受けることが
示唆されているように、産地によっては地形の影響もあるでしょ
う。さらに品種の特性、または造りが還元的（※1）なことも塩気
の理由になり得ます。その独特の風味のバランスがほどよい塩
気を感じさせたりミネラリーな香りになったりもするのです。

※1
ワイン醸造においては、
空気との接触を減らして
醸造する手法を指す。そ
の結果、ワインに還元的
な手法によって生まれる
味わいの特徴が表現され
る。また還元臭とはさま
ざまな理由で硫黄化合物
が生成され、その香りが
することを指すが、必ず
しもオフフレーバーを意
味するわけではない。

コースをどう組み立てる？

コース作りの基本

　コースに対するペアリングでは、一皿ごとの料理と真摯に向き合うと同時に、コースの全体像を俯瞰的に見て、始まりから終わりまでをひとつの道筋に見立ててペアリングを作るのが私たちの役割です。基本的にはライトな味わいからスタートし、ヘビーな味わいへ。ドリンクだけで通して飲んでも常においしく感じられる並びという視点を持ちながら、最後まで飽きずに楽しく進んでいけるように考えます。とくに、現代的な軽やかな料理にペアリングする場合、そのナチュラルさに寄り添うように、個性の強いドリンクだけでなく、香りや味わいに自然と親しみを感じるドリンクを組み込むのもポイントです。また、「料理との組合せを楽しむ」というペアリング本来の目的を果たすためには、注ぐドリンクの量もとても重要です。

　料理のコースと同じように、ドリンクのコースももっとも基本的な流れは「軽いものから重いものへ」。皿が進むにつれて徐々に盛り上げていきます。ただ、実際のコースでは前の皿よりも軽い料理が出てくることもありますし、白ワインでスタートしたコース序盤に赤ワインの合う料理が出て、その後に再び白ワインが合う料理が……なんてこともありえます。そんな時は、料理に合わせるだけでなく、赤から白へという流れでもおいしく楽しめるワインの選出が必要となります。

流れを調整する

　コースの流れの調整でよく使うのは、味のふり幅をつける手法です。たとえば、赤ワインを出した後で香りや味わいに強い個性のある白ワインを選び、前の赤ワインに負けない新鮮な印象を与えればコースを盛り下げずに楽しんでもらえます。

　また、一つのコースの中で、ワインを主体としつつ、日本酒、焼酎など味わいの特性が違う酒を使うことも、ペアリングのアプローチを大きく変える方法として有効です。日本酒や焼酎を使うタイミングは、それによってワイン以上にペアリングの完成度が高まる場合か、もしくは、味わいの流れに大きな起伏を作りたい時など。とくに日本酒は、酸味と渋みがベースのワインの世界から、甘味と旨味が主体の世界に変わるため、味わいの方向性が大きく転換し、より印象的にふり幅をつけられます。重要なのは、流れの中で明確な役割を持たせて日本酒や焼酎を使うこと。そうすれば、その後ワインペアリングに戻りやすくなります。

　従来、複数種のお酒を同時に飲むことは、悪酔いしやすいと言われてきました。しかしこれは、単に多種類のお酒を大量に、ハイスピードで飲んでしまうことが原因だったのでは、と思います。ペアリングでは適量をサービスすることができるため、状況が大きく異なります。また医学的にも複数のお酒を飲むことが酔いやすさにつながるというエヴィデンスは出ていません。

　なお、ドリンクの種類を変えてふり幅をつけたとしても、「2皿連続で旨味の相乗効果」など、主に同じ効果を狙ったペアリングが続くと、飽きを感じてしまうことがあります。これまでお伝えしてきた同調や相乗効果、中和、五味のバランス、アロマのハーモニー、テクスチャーの一体感などさまざまな手法を入れ込むからこそ、味覚的な楽しみが常に刺激されるのです。

適量を見定める

　お客さまの中には、「お酒をたくさん飲めないから」と、ペアリングの注文をためらう方がいらっしゃいます。その一方で、量を抑えすぎると「少ない」という不満につながる可能性もあります。ペアリングの「適量」をどう判断すればいいでしょうか？

　Ăn Điのペアリングはアペリティフを除き6杯で、一杯の平均は60〜70ml。すべて飲むとボトル半分強にあたります。これは、私の経験的に多くの方が飲みきることができる量。その中で、一皿の量が多ければドリンクも多く、少なければドリンクも少なくと、料理に合わせて調整します。

　お客さまによって量が足りなさそうな時はすかさず注ぎ足しますし、料理と料理の間にお酒が何もない状態を長時間作らないことも重要視しています。ただし、ペアリングはお酒をたっぷり飲むのが目的ではなく、あくまでも「料理を食べながらドリンクを楽しむ」ためのもの。むやみに多く注ぐことは決してよいことではなく、考えうる「一皿に対してのジャストな量」を提案するべきです。

　私は、こうした世界観が推進されれば、より多くの人がペアリングを楽しめると思っています。料理に対する一般的な適量をしっかりと見定め、お客さま一人ひとりの適量にも柔軟に対応できれば、より理想的です。

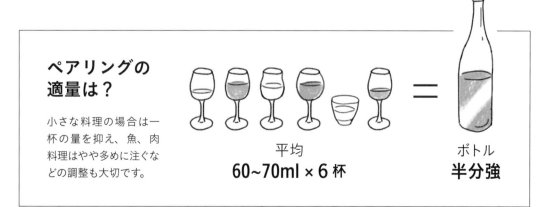

ペアリングの適量は？

小さな料理の場合は一杯の量を抑え、魚、肉料理はやや多めに注ぐなどの調整も大切です。

平均
60~70ml × 6杯

＝

ボトル
半分強

実践！ コースのペアリング

Ăn Điで実際に提供していたある日のコースです。
ペアリングをどのような狙いで構成しているか、コースの流れに沿って解説します。

序盤 やさしく華やかに ▸▸

01　五味の補完
ティーリーフサラダ、ミカンのドレッシング×
ドイツのリースリング

中盤 未知の経験を演出 ▸▸

02　ワインの塩気を活用
シラスとアオサの生春巻き、黒大根と焦がしバターのディップ×
塩気を感じる白ワイン

03　旨味の相乗効果
ビーツとズワイガニのスープ×
旨味を感じるオーストリアのナチュラルロゼ

終盤 盛り上げて、意外性で締める ▸▸

04　コントラストの同調
白子のムニエル、根セロリとココナッツミルクのソース×
熟度が高くもフレッシュ、ジューシーな白ワイン

05　透明感とミネラル感の同調
鹿のローストと干し柿のピュレ、ベトナムコーヒーの香り×
ミネラル豊富できれいな酸を持つ
軽く熟成した赤ワイン

06　旨味のルーティン
酒粕と牡蠣のフォー×
日本酒のうすにごり生酒

序盤 〔 〕 やさしく華やかに

　最初の一皿でよく使うのは、定番のシャンパーニュもしくはスパークリングワインか、ライト
でアルコール度数も低く、香りが華やかなタイプのワイン。意識せずともワイン側から香りが
広がるので、自然とワインの世界に入っていけます。また、甘味のあるやさしい味わいは舌が
受け入れやすく、アルコール度数が低いので比較的ごくごくと飲むことができます。こうした
とっつきやすい味わいで、コースの始まりの緊張感をほぐしながら、次への期待感を高めます。

01
五味の補完

　料理　発酵茶葉やナッツ、フルーツなどを使った、塩、苦、酸、旨
がしっかりと感じられるサラダと、季節の柑橘ドレッシング。甘さの
要素は控えめ。

　ドリンク　五味のバランスをとるため、ドイツのリースリングの中でも
やや残糖を感じる、いわゆるオフドライなものを。クリアで華やかな
リンゴ系の香りが、ドレッシングの柑橘の香りとのハーモニーを演出
する。アルコール度数が気持ち低く、飲みやすいこともこのワインを
選ぶポイント。スタートの満足度を高めることを狙う。

ティーリーフサラダ、
ミカンのドレッシング
×
ドイツの
リースリング

中盤　未知の経験を演出

　最初の一杯でお客さまがワインの世界になじんだら、次は初めての味わいを体験してもらえるような、遊びのあるペアリングを取り入れていきましょう。たとえば塩気のある白ワイン。ギリシャ・サントリーニ島のアシルティコやスペイン・カナリー諸島のリスタン・ブランコなどで、ヨード感のある料理の余韻をふくらませます。これらは、シャルドネのような豊かなテイストが好みの方は自分からは選ばないワインかもしれません。ですが、ペアリングであれば、この組合せでしか味わえない料理とのマッチングの世界と、新しいワインとの出合いを同時に体験してもらえます。

　コースの中盤は、まだ知られていない世界のさまざまなワインのほか、日本酒や焼酎も入れやすいポジションです。とくに2品目、または3品目に定番で提供する生春巻きは、ベトナム料理のアイコン的存在でありながら、具材の組合せによる新しい味の提案もできる、もっともĂn Điらしさの出る部分。その生春巻きとともに、ドリンクとのペアリングでも初めての体験をしてもらうことで、コース序盤で当店の楽しみ方を伝えます。

02
ワインの塩気を活用

[料理] アオサで和えたシラスと生野菜やピクルスなどを巻いた生春巻き。繊細な海の味わいが楽しめる。

[ドリンク] 野菜が主体のライトな料理に対して、あまりリッチではなく、香りも穏やかなチャレッロの塩気でシラスやアオサのヨード感を引き立てる。ディップの味にやや厚みがあるため、ワインはイースティーな風味と味わいの厚みも持つタイプを選び、バランスを揃えることを意識する。

シラスとアオサの生春巻き、
黒大根と焦がしバターのディップ

×

塩気を感じる
白ワイン

（スペイン・カタルーニャの
チャレッロ）

03
旨味の相乗効果

料理 ビーツとズワイガニのだしを合わせたスープに、バラの花び
らのシロップ漬けを入れたごく小さな品。

ドリンク 旨味のきいたスープに、旨味を感じやすいナチュラルワイン
を合わせて相乗効果を楽しんでもらう。ビーツはベリー様のフレーバ
ーがあるため、ワインも同様のニュアンスを持つやや濃い目のロゼを。
にごりのあるノンフィルタータイプなので、スープのテクスチャーと
のバランスも整えられる。

ビーツとズワイガニのスープ

**旨味を感じる
オーストリアの
ナチュラルロゼ**

Column

生春巻きと日本酒

　すべての具材が同時に口に入る生春巻きは、料理人の意図通りに素材のバランスを楽しんでもらえま
す。2品目のシラスとアオサの例は、まず生春巻きの素材の調和を感じてもらい、さらにワインによって
ヨード感を引き立てるペアリングですが、場合によっては生春巻きとドリンクが「混ざり、一体化したお
いしさ」を引き立たせたいこともあります。そんな時、日本酒を合わせるのが最近のお気に入りです。
　生春巻きは、比較的ライトでありながら、複数の素材を一緒に噛み締めながら食べる料理でもあります。
野菜やハーブの他にその時々で肉や魚介類、フルーツなども入りますから、自然と咀嚼回数が多くなり
ます。そこに日本酒が加わることで、口の中で新たおいしさが生まれ、料理の一体感も強調できるのです。
こうした口内調味は、香りよりも味わいがメインである日本酒に向いた手法です。
　香りが重要なワインでは、料理と一緒になることでキャラクターが失われてしまうため、口内調味の
強みが発揮できません。ただし、甘口ワインは、糖分の強さが料理の味わいに負けず、ワインの風味も
保てるので、口内調味に対応できることがあります。貴腐ワインとブルーチーズのハチミツがけの組合
せは、そんな例のひとつです。

(終盤)　盛り上げて、意外性で締める

　魚料理、肉料理にはクオリティの一段高いワインを合わせ、フィニッシュに向けて盛り上げていきます。世界中から選んだ、生産者を厳選し、品種にはこだわらず、でも間違いなく上質で圧巻な品質のワインです。ワインだけで飲んでも十分に楽しめますし、料理の量もやや多めなので、中盤よりも多めに注ぎます。そして、料理の前に、まずはワインを飲んでいただくことでペアリングへの期待感を最大限に高めます。

　締めのフォーは日本酒やヴァン・ジョーヌなど意外性のある味わいで締め、「モダンベトナム料理」の世界観を強く印象づけます。

04
コントラストの同調

　料理 　白子のムニエルとソースに、レモンと軽いシロップでマリネした柑橘(仏手柑)を添えた魚料理。白子やソースのコクに対して、仏手柑の酸味や苦味のコントラストで味のバランスをとる。

　ドリンク 　レモンとストーンフルーツのアロマが共存しており、凝縮感がありながらフレッシュな酸も保有している南アフリカの冷涼産地ならではの味わいのバランス。白子の料理と同様に味わいのほどよいコントラストが魅力のワイン。同じようなバランスの料理とワインを重ねることで、強い一体感を生み出す。

**白子のムニエル、根セロリと
ココナッツミルクのソース**
×
**熟度が高くも
フレッシュ、
ジューシーな白ワイン**
(南アフリカ・エルギンの
シャルドネ)

**鹿のローストと干し柿のピュレ
ベトナムコーヒーの香り**

**ミネラリーで、
きれいな酸味を持つ
軽く熟成した赤ワイン**

（イタリア・シチリアの
フラッパート）

05

透明感と
ミネラル感の同調

料理 低温でローストし、炭火で炙って仕上げた鹿肉。鉄分や赤身の透明感ある風味が広がる味わい。下に干し柿のピュレを敷き、上には柑橘果汁でマリネしたニンジンをたっぷりとのせ、ベトナムコーヒーパウダーをふりかける。

ドリンク 赤身肉が持つ鉄分の味わいや透明感に寄り添い、おいしさを強調する、ミネラル感が豊かなワイン。ニンジンのマリネに酸味があるため、ワインも酸味が明確なタイプを合わせる。ワインのタンニンに関しては、鹿肉のように脂質が少ない赤身肉にはあまり必要ないが、肉の厚みや焼き加減で生まれる噛みごたえに対して強さを合わせる際にタンニンの渋味でバランスをとるとよい。

06

旨味のルーティン

酒粕と牡蠣のフォー

**日本酒の
うすにごり生酒**

料理 牡蠣のだしと酒粕を使った温かいスープに、ゆでた牡蠣と米麹の組合せ。発酵白菜、ハーブを添える。

ドリンク うすにごり生酒の特性が意外性を生み出すポイント。スープを飲んでからお酒を味わうと、旨味の相乗効果とフレーバーの同調に加え、生酒らしいフレッシュさによって再びスープの旨味が欲しくなる「やみつき」のルーティンが発動。さらにお酒のうすにごりがスープの濁度とちょうどよく合い、日本酒の温度を上げずともテクスチャーの一体感が成立。まるでフォーのスープが「おつまみ」になったような楽しみが生まれる。

鮨のコースとペアリング

鮨のペアリングの一つの回答

　近年は、おまかせの鮨店でワインペアリングを用意するお店も見かけます。お鮨は日本酒とももちろん合いますが、日本酒だけだと甘味と旨味で口が疲れやすい面もあります。その点、ワインは酸味や渋味で口中をリフレッシュさせ、日本酒とは異なる味わいの妙を楽しめます。

　ただ、鮨はタネの種類や順番がその日によって変わりますし、一口で食べ終わるので、一貫ごとに異なるドリンクを用意するのはなかなか大変です。そこでおすすめなのは、タネのグループに対してワインを用意する、一歩引いたペアリングの提案です。

　用意するのは、「塩気の白」「ピノ・ノワール系のライトな赤」「旨渋いナチュラルオレンジワイン」「ジュラのサヴァニャン」（※1）の4つ。これでほぼすべてのタネがカバーできるので、ある程度の量をグラスに注ぎ、適宜合わせてもらうことで、お客様もゆったりと食事を楽しめます。

　赤ワインについては、アナゴの濃厚なツメはボルドーなどのフルボディ系のメルロと合わせてもおいしいですが、他のネタでフルボディ系の赤が活躍するタイミングがほとんどありません。また、赤ワインはお店の看板ネタにもなりやすいマグロと合うピノ・ノワールのほうが優先順位が高いと考えられます。ワインの数を絞りたい場合はオレンジワインで対応するとよいでしょう。

※1
主にフランス東部ジュラ地方で栽培されるブドウ品種。ヴァン・ジョーヌの原料となる他、辛口白ワインも生産される。

鮨店におすすめの4種のワイン

塩気の白

塩とスダチで食べさせるような、イカや淡白な貝全般に。対比効果で塩味がネタの旨味を持ち上げます。

ピノ・ノワール系の赤

お鮨屋さんで必ず出てくると言っていいマグロと相性がよいので、赤ワインを用意するなら、ピノ・ノワールがおすすめです。

旨渋いナチュラルオレンジワイン

亜硫酸量が少ないため、魚卵類や青柳のような貝など一般的にワインと合わせることが難しいと言われるタネと合わせやすく、適度にタンニンがあるのでアナゴや煮ハマグリのツメとも合います。

ジュラのサヴァニャン

酸化系のニュアンスと酸の高さが、酢締めされる青魚系のタネ全般に合いやすい組合せを生みます。サヴァニャンで造るジュラの白ワインは亜硫酸量が少ないものも多いため、不飽和脂肪酸の多い青魚を生臭く感じにくいのもポイントです。また、ウニとの組合せは、強い旨塩の味わいに酸味が差し込まれ、新しい味のバランスが生まれます。

日本食の専門店には、
ほかにも焼鳥、天ぷら、ウナギなどがありますが、
いずれも油脂分の量をきちんととらえて重さを合わせた上で、
塩味なら白ワインやオレンジワインでフレーバーを合わせる、
醤油を使う天つゆやタレなら
ベリー系の香りの相性がよいので赤ワインの世界が見えてくる……
というように対応できます。
ほかにもテクスチャーなどこれまで学んできた理論をあてはめて、
最適なペアリングを探してみてください。

ノンアルコール
ペアリングの基本

料理に負けやすい
ノンアルコールのヴォリューム感

　お酒を召し上がらない方向けに、クオリティの高いノンアルコールペアリングを用意するレストランが増えてきました。ノンアルコールペアリングで目指すゴールは、アルコールペアリングと同様に、食事の満足度を高めることです。味作りの理論もアルコールペアリングと基本は同じ。料理の魅力が生きる味わいを選び、重さを揃え、テクスチャーの一体感やフレーバーのハーモニーを作ります。

　ノンアルコールドリンクを自家製する場合、料理に合わせてどこまでも味を作り込むことができます。そのため、ある意味アルコールペアリングよりも制約がなく、それがノンアルコールペアリングの面白さであり、難しさでもあります。

　料理とドリンクは、どちらも味わいに「ヴォリューム感」があります。料理のヴォリュームを作るのは、主に油脂分や粘性、噛みごたえなど。ドリンク側が料理のヴォリューム感を受け止められないと、ドリンクが負けてしまい、ペアリングが成立しなくなってしまいます。

　アルコールペアリングの場合はアルコールのヴォリューム感によって料理の厚みと対峙できますが、ノンアルコールドリンクはアルコール由来のヴォリューム感がないため、他の要素で補う必要があります。これをクリアすることを第一に考えていきましょう。

ヴォリューム感は補いたい、
でも「甘味」は必要最低限に

　ドリンクのヴォリューム感を作ることができるアルコール以外の要素には、「甘味」や「旨味」、「粘性のあるテクスチャー」などがあります。さらに「複雑なフレーバー」もヴォリューム作りをサポートします。中でも取り入れやすいのは「甘味」でしょう。ジュースやシロップ、ミリンなどが該当し、たとえば紅茶に煮切ったミリンを加えて少しだけヴォリューム感を出す……といったアプローチが可能です。

　ただし、コースのペアリングで甘いドリンクを何杯も飲むと味わいがどんどん重くなり、満腹感も覚えやすくなるため、量には限界があります。ですから、いかに甘味を必要最低限に抑えるかが、ノンアルコールペアリングのもっとも重要なテーマになると私は思っています。

旨味やフレーバーで下支え

　甘味を抑えれば、その分ドリンクのヴォリューム感は薄くなります。そこで、甘味のような重さはないものの、柔らかいタッチが持ち味である「旨味」でヴォリュームを出すことを検討しましょう。その代表例が、お茶です。

　お茶にはたくさんの種類がありますが、中でも玉露（※1）はもっとも旨味が強く、50℃ほどの温度で煎じると、とくに旨味が豊かに感じられます。また、水出しのお茶は渋みが抽出されない分、旨味を主体に感じさせることが可能です。このように、料理に合わせて必要な強さの旨味を得るために、適した茶葉の種類や煎じ方を選択します。

　そのほか、煮たり焼いたりした野菜を潰してエキス分を抽出すると、やさしい旨味と同時にそれぞれの野菜に固有のフレーバー

※1
緑茶の一種。一番茶の新芽が伸び出した頃から20日前後、ほぼ完全に日光を遮って栽培した茶葉を、煎茶と同様に製造したもの。遮光することで旨味が増し、タンニンが少なくなり、甘くまろやかな味となる。

ヴォリューム感を生み出す4つの方法

1. 甘味で補う

↓

もっとも簡単な方法。ただし連続して飲むと飽き、満腹にもなりやすい

素材例

ジュース、シロップ、ミリン

2. 旨味で補う

↓

甘味より重さは軽いが、厚みを感じさせることができる

素材例

お茶、野菜などからとっただしやエキス、発酵ドリンク

3. テクスチャーで補う

↓

にごりや粘性、脂肪分などドリンクが持つテクスチャーを活用する

素材例

フルーツを煎じた液体やだしなどを粗く濾過したもの。甘酒、牛乳や植物性のミルクなど

4. フレーバーでサポート

↓

甘味や旨味の厚みを下支えできるフレーバーを活用する

素材例

お茶、フルーツやドライフルーツを煎じた液体。ハーブ、スパイス、スモークなどでドリンクのベースにさらに香りづけしたもの

を手に入れることができます。また、果物や野菜に少量の砂糖を加えて発酵させた自家製発酵ドリンクなども、発酵特有の旨味に加えて複雑なフレーバーが備わり、ペアリングのヴァリエーションを広げるのに有効です。

さらにひと手間加えて、お茶をはじめとしたこれらのベース飲料にハーブやスパイス、フルーツの皮などを浸漬したり、スモークをかけて香りを重ねるのも一つの方法です。これによって生まれる複雑な風味によって料理との間に「風味のハーモニー」を作り出したり、ドリンクのヴォリューム感を下支えすることができます。

また、透明な液体より、にごった液体のほうがテクスチャーがある分、ヴォリュームを感じやすいです。甘酒やライスミルク、粗く漉して粘性やにごりをあえて残したドリンクなどが、ヴォリューム感を補うベース飲料として使いやすいでしょう。

ノンアルコールドリンク、味作りのヒント

フレーバーからイメージする

　ノンアルコールドリンクを作り出す作業はどちらかというと料理作りに近く、ハードルが高く感じる人もいると思います。そこでソムリエをはじめとしたドリンク担当者がアプローチしやすく、僕もよく使う「ワインや日本酒などお酒の味から発想を広げる手法」を紹介します。

　まず、その料理に合いそうなワインや日本酒の味わい、フレーバーをイメージします。次に、「そのお酒と同じような味の構成」のノンアルコールドリンクを作っていきます。「果実感は豊富で、ある程度タンニンや酸味もある」という赤ワインのイメージだったら、「黒系のベリーとお茶を合わせ、油脂分を中和できる強さの渋みを抽出、さらにスパイス等を浸漬して風味を合わせていく」といった流れです（**右図**）。

　日本酒の世界であれば、「薄く希釈した甘酒やライスミルク、玉露を使って、甘味や旨味主体のやさしいテクスチャーを持つドリンクをベースに、料理とのハーモニーを作れる風味を足していく」という感じでしょうか。

　慣れ親しんだお酒をイメージするこの方法であれば、料理的思考になじみがなくても比較的スムーズにアプローチできます。ただし、料理の内容やコースの流れによっては特定のドリンクをイメージせず自由に作ったほうが効果的な場合もあるので、ケースバイケースで使い分けていきましょう。

香りを抽出するだけでなく、仕上げにフレッシュなハーブを浮かべたり、煎茶を提供直前に煎るといったことも、香りの鮮度を保ち、ペアリングの効果を高めるポイントです。

Case A

油脂分の少ない赤身肉の料理に、赤ワインをイメージしたドリンクを合わせる場合

➡ 酸味と渋味で油脂に対する重さを揃え、
フレーバーでヴォリューム感を補う

【 味の置き換え例 】

赤ワインのベリー系のフレーバー

黒系ベリー類から抽出

酸 味

フルーツやヴィネガーを
加える

渋 み

紅茶から抽出

ヴォリューム感

煮切りミリンや
グラニュー糖を少量加える

フレーバー

クローブやシナモンなど
赤ワインがよく持つ
香りのスパイスを漬ける。
スモーキーな茶葉を使用したり、
直接スモークをかけることも可能

Case B

白身魚の刺身と煎酒に、日本酒の旨味をイメージしたドリンクを合わせる場合

➡ 煎酒(梅、かつお節) のやさしい旨味に合わせ、
旨味の相乗効果を狙う

【 味の置き換え例 】

日本酒のやさしい旨味

40〜50℃で抽出した
玉露やかぶせ茶などの旨味

フレーバー

大葉、木の芽、穂紫蘇など
煎酒の風味と相性のよいハーブを付け足して
フレーバーのハーモニーを作る

お茶は旨味と渋みのバランスで楽しむ

　お茶はノンアルコールドリンクの中でも、とてもアプローチの幅が広い飲み物です。高い温度で煎じると渋みが抽出されますが、この渋みは赤ワインやオレンジワインのタンニンと同じように料理の油脂分を中和して、高めの温度と相まって料理のあと味を軽くする効果があります。

　一方で、水出しにするとお茶の旨味のみを抽出することができ、やさしい旨味の料理に対して旨味の相乗効果を狙えます。他にもさまざまな抽出方法があり、茶葉本来の多様な香りとともに、旨味、渋みのバランスの多彩なヴァリエーションを作ることができます。

　茶葉の種類も、やさしい味わいの白茶（※2）や、清涼感がある煎茶、旨味の豊富な玉露から香ばしい味わいのほうじ茶、香りがより強くなる後発酵系のお茶（※3）まで、料理によってさまざまな選択肢があります。香りも蜜蘭香を持ったものや、ミネラル感のあるもの、スモーキーなもの、ミルク香のあるものなどもあり、個性は千差万別。国産だけでなく中国茶なども加えるとさらにヴァリエーションは広がります。それらの特性をそのままペアリングに生かすこともできますし、お茶同士をブレンドしたり、ハーブやスパイスで香りを付け加えたり、炭酸ガスを注入してスパーリング茶にすることも可能です。

※2
中国・福建省で主に生産され、弱発酵茶とも呼ばれる。揉捻（茶葉を揉む工程）が無く、萎凋と乾燥の工程のみで作られる。香りがよく、苦味や渋みの少ないやさしい味わいが特徴。

※3
茶葉を摘んだらすぐに加熱して酸化を止め、揉捻などの加工工程を経た後で、微生物によって発酵させて造るお茶。中国のプーアル茶、高知県の「碁石茶」、徳島県の「阿波晩茶」などがある。

渋うまっ

テクスチャーを作り込む

　果汁のにごりや粒感、ざらつきといった「噛みごたえ」を感じさせるテクスチャーは、ドリンクのヴォリューム感を作ると同時にラフでカジュアルな味わいも表現します。逆に、濾してなめらかなテクスチャーや透明感を出すと、ヴォリュームは下がりますが繊細な上質感を表現でき、複数の液体を混ぜ合わせた時にドリンクとしての一体感も生まれやすくなります。

　ノンアルコールドリンクはテクスチャーを比較的自由に作り込めるため、使い分けるとコースの流れに起伏が生まれます。たとえば揚げ春巻きのようなカリッとした歯ごたえの料理であれば、よい意味でテクスチャーがラフなドリンクのほうが一体感を楽しめます。逆に食感が繊細な料理であれば、料理との重さのバランスを揃えて、テクスチャーはなめらかに仕上げたほうが料理との一体感が増すでしょう。また、温度を高くすれば、より丸みのあるテクスチャーになりますし、貝類やかつお節、昆布、お茶などで旨味を付け足すと、さらにテクスチャーに厚みをもたらすことができます。

　もちろん甘味にも同じ効果がありますが、食事と合わせるドリンクなので、やや甘さは控えめにしたいところです。

　すべてのドリンクに言えることですが、ドリンクの味わいにおいて終わり方、味わいの切れ方はとても重要です。ミッドパレットの厚みを出す目的で旨味や甘味を多用しすぎると、味わいにキレがなくなり、重くなったり輪郭のゆるい味わいになってしまいます。

　ノンアルコールドリンクであれアルコールドリンクであれ、甘くても、強くても、ヴォリューム感があっても、味わいの面では「焦点の合った、正確性のともなった味わい」であることが大前提。それによって初めて、ドリンクとしてもペアリングとしても質の高いものになるのです。

ペアリングならではの「一体感」を出す

　自家製ドリンクは材料も作り方も自由なので、結果的に味わいや形状が「料理に近づく」ことがあります。そうした時、私はドリンクが料理の一部に取り込まれてしまわないように気をつけています。ドリンクと料理はそれぞれに役割があり、両者を合わせることで食事の楽しみが増すのがペアリングの魅力だと思うからです。

　まず、ドリンクに最低限必要なのは、単体としてのおいしさです。ペアリングでも、お客さまは料理よりも先にドリンクを飲み始める場合があります。その場合はドリンクには料理への期待を高め、食事のスタートを盛り上げる役割が生まれますし、時には次の料理が出るまでのつなぎにもなります。ドリンク自体をおいしく飲み続けられる流れを作ることで満足感が高まるというのは、アルコールの有無に関わらず、ペアリングの基本です。

　ペアリングの面白さは、料理とドリンクの「味わいのずれ」によって生まれるハーモニーと一体感の妙にあります。ワインや日本酒のペアリングでは、そもそも「料理と同じ味や香り」になることはあり得ず、似た香りやその他のさまざまな要素が互いに影響し合って、ハーモニーが生じます。ですが、自家製ドリンクの場合は料理と同じ素材を使うことも可能なので、気をつけないと料理の味わいに近づきすぎることがあります。そこに生まれるのはペアリングの一体感ではなく、ドリンクが料理の一部になってしまった一体感です。

　そうした事態を避けるため、私はノンアルコールドリンクを考える時、「ドリンクの存在感が料理と一緒に残っているかどうか」を常に意識しています。

　そしてコースでは、お茶の旨味、フルーツの甘味、発酵による風味などを連続させないように気をつけながら、後半に向けてよりヴォリュームのある味わいに、もしくはストラクチャーのしっかりしたドリンクにしていきます。

ノンアルコールペアリングの実例

2022年に佐賀県武雄市で開催された佐賀のガストロノミーイベント「USEUM SAGA」で、実際に提供したペアリングの例です。会場となった Kaji synergy restaurant の梶原大輔シェフと岩手県遠野市「とおの屋 要」の佐々木要太郎シェフが作る料理に、アルコールとノンアルコールそれぞれのペアリングを提案しました。

no.	カテゴリー	メニュー	主な食材	ノンアルコールドリンク
1	アミューズ	ニシユタカ／武雄イノシシのジャーキーとコンソメ	ジャガイモ、イノシシ	副島園 烏龍茶／カルダモン／シナモン
2	前菜	佐賀海苔／蕪	海苔、カブ、金柑	
3	前菜	唐津産真鯵／多久野生高菜	真アジ、野生高菜	茶屋二郎煎茶 翠／ベルガモット皮／シナモン葉
4	前菜	川副産トマト／竹崎カニ	トマト、カニ、アミ漬け	きたの茶園 有機レモングラス緑茶やぶきた／山椒
5	前菜	菊芋／ゲンコウ／シナモン／豚肉熟鮓	ゲンコウ、菊芋、シナモンの根、シナモンホエー、豚肉熟鮓、酒粕	有機りんごジュース／アニス／キャラウェイ／茶屋二郎 煎茶 翠
6	前菜	白石れんこん／ベルガモット／そやし水ヨーグルト燻製	白石レンコン、ベルガモット、そやし水ヨーグルト燻製、梅肉	発酵ジンジャー／ライスミルク
7	メイン魚	くちぞこ	くちぞこエビ、カツオの腑	きたの茶園 夏摘み 有機紅茶 べにふうき／かつお節
8	メイン肉	武雄イノシシ／蕪の葉／仏手柑	イノシシ、カブの葉、仏手柑	
9	〆の麺	〆の麺	煮干、経産鶏	なし
10	デザート	納豆ケーキ	納豆	きたの茶園 有機ほうじ茶／大豆／米
11	デザート	酒粕のジェラート／干し柿	酒粕、干し柿	

ペアリングに必要な、「味わい以外」のこと

コミュニケーションが何より大事

　ここまで、「味わいありき」のペアリングを学んできましたが、実際にペアリングを作り、提供するには、実は味わい以外の部分がとても重要です。とくに、ペアリングを「どう楽しませるか」を決めるためには、シェフとコミュニケーションをとり、料理を知ることが欠かせません。そして、意図した通りの体験をしてもらえるよう、お客さまに「効果的な飲み方を伝える」ことも必須です。この２つが押さえられて、初めてペアリングは完成します。

　私はペアリングのドリンクを選ぶ前に、その料理の味わいの魅力を探ることはもちろん、シェフが「ここを味わってほしい」と思っているポイントを知ることを大切にしています。シェフの意図を汲んだドリンクの選定が最重要であり、結果的に、そこからお店のペアリングの独自性も生まれていくのだと思います。そのため、メニューが変わる際は必ず試食し、どんな味わい方がシェフにとって理想なのかを確認します。たとえば、ソースをどの程度つけて食べるのか。付合せと一緒に食べてほしいのか、そうではないのか。複数の食べ方が存在するなら、コースの流れも踏まえて一つの食べ方に絞り、もっとも効果的なドリンクを選びます。ポイントは常に、どれだけその料理のためにドリンクを選べているか、です。

　締めくくりに、「味わい」に直結しないけれど、ペアリングを完成させるために欠かせないポイントをまとめましょう。

ペアリングを完成させるための
一問一答

Q. サービスする時に大切なのは？

楽しみ方を端的に伝える

料理とドリンクを提供したら、そこから先をどう楽しむかはお客さまに委ねられます。ですからその前に、どう食べて飲めばペアリングを最高に楽しめるのかを伝えるのが、サービススタッフのとても大切な仕事です。楽しみ方を伝えるだけでお客さまの意識がそちらに向き、新しい味の世界を積極的に体験してもらえるからです。

楽しみ方を伝える時のポイントは、できるだけ短い言葉にすることです。なぜなら、サービスでまず優先するのは、料理をおいしいうちに食べてもらうことだからです。それに、お客さまはそれぞれのシチュエーションで食事を楽しみに来ているのであって、サービス人の話を聞きに来ているわけではありません。

具体的な伝え方は、たとえば「ソースをたっぷりつけると、ワインとの風味のハーモニーをお楽しみいただけます」「テクスチャーの柔らかなお酒なので、クリームのやさしい旨味とよく合います」など。とくに皿の上に多くの要素がある料理は、そのすべてにドリンクを高い次元でマッチさせることは不可能です。ここで私たちが伝えなくてはいけないのは、料理のどの部分を食べ、あるいはどういった食べ方をした時に、ペアリングの楽しみがもっとも高まるかという道筋です。

もちろん、さらに興味を示されればいくらでも詳しくお伝えするべきですし、そのために情報を整理しておくことも必要です。いずれにせよお客さまに最終的に満足していただければ、お店の目的は達成されます。

口頭で伝えた内容をメモするよう促し、
自分自身の言葉で説明できるように導く

Ăn Điのペアリングは私がシェフと一緒に考え、最終的にスタッフ全員と試食しながら決定します。その時に、どういう料理なのか、ペアリングのポイントはどこかなど、お客さまに必ず伝えるべき情報のサービススタッフとの共有を徹底しています。

その際、私は口頭で伝えるのみとし、スタッフはメモをとります。紙に書いて渡すと私の言葉をそのまま覚えてしまいかねず、お客さまと話しても大事な部分にアクセントがつかない上っ面の伝言になりかねないからです。それは、お客さまの思考に届かない言葉です。メモをとる場合、私の話す言葉をすべて書きとるのは不可能なため、とくに大事な部分を書き留めることになります。これは、スタッフがペアリングに対する理解を深め、自分の言葉で話せるようになるための一つの方法です。アナログで非効率かもしれませんが、各自で情報の抽出、整理をすることでお客さまの心を動かす言葉が生まれ、ペアリングの積極的な体験を導き、満足度を上げられるのだと考えています。

Q. ペアリング上達の秘訣は？

自分の中のラインを設定して言語化する

ペアリングの理想はすべてのマッチングで100点満点をとることですが、実際は現実的ではないでしょう。そんなに都合のいいドリンクがぽんぽんと見つかるとは考えにくく、同じペアリングを一定期間続けるのであれば、本数を確保する難しさもあるからです。大切なのは、自分の中で、たとえば「90点」というクオリティのハードルを設けて、それをクリアするために努力することです。そして目標達成への第一歩は、料理に対してそのドリンクを選んだ理由や、ペアリング全体の狙いを明確に言葉にできることだと思います。

私の場合は、「新しい経験を重視し、日々変化する世界中のドリンクを使う」というスタイルを実現するために、過去に飲んだドリンクの味わいの蓄積に加え、「今どんなドリンクが手に入るのか」を常に知りたいと思っています。それには情報の更新が欠かせませんから、機会があれば試飲会は必ず行きますし、自分が行けなくてもスタッフに感想を聞いて、気になるものがあれば自分で購入してでも試します。そうしてできるだけ多くの手札を持ち、味わいのマッチング、組合せの新鮮さなどを総合した90点という目標値を目指して、ペアリングを作り上げていきます。

香りのハーモニーを追求する

何かを上達するための近道は、興味を持ち、夢中になることです。ペアリングであれば、料理とドリンクのハーモニーが「こんなにも広がりを見せるのだ」という成功体験を一度すると、その世界観に希望を持て、さらに知りたくなるのだと思います。私の経験で言うと、銀座レカン勤務時代に味わった、スパイス風味のクリームソースを添えた魚料理と、やや残糖のあるリースリングの組合せが転機になりました。クリーミーなソースだったのでオフドライの甘味で重さのバランスをとり、スパイスの香りの方向性とワインの酸化・還元のバランスによる果実感の表現の違いなども踏まえて追求した結果、その時のリースリングとスパイスの香りのハーモニーがとても心地よく、総合的に相性のよいペアリングになったのです。この時の体験は、次の経験への欲を掻き立てて自分をネクストステップへと進ませてくれました。
香りのハーモニーの可能性は無限です。しかも香りのハーモニーは感性だけでなく、化学的なアプローチからも追求できるので、はまるといろいろ試してみたくなると思います。

すべての味わいに敏感になる

本書では、とくに料理とドリンクの味わいの関係に重点を置いて解説してきましたが、ペアリングの味わいのヒントは必ずしもその二者の間だけではなく、料理のみの中にもたくさんあります。
たとえば、塩気のあるワインをやさしい旨味の料理に合わせて、料理の旨味を引き上げる方法。これは、ワインと料理の関係のみに成り立つのではなく、味覚全般の理論的な話をヒントにしています。わかりやすいのは和食のだしで、そのままでは締まりのない味でも、一つまみの塩を加えるだけで、ぐっと輪郭が引き立ち、旨味をより鮮明に感じます。「ペアリングでもそんな関係を作れたらいいな」と、料理から応用したのです。料理とドリンクの関係だけにこだわらず、どんな味わいに対しても敏感でいると、思わぬところにヒントが転がっているものです。

Q. 価格の決め方は？

原価に加え、考案の手間と時間も加味する

料理の価格やお店のスタイルの打ち出し方によって、ペアリングの価格は変わります。また、ひと口に「金額に見合った内容」と言っても、原価に対してのことなのか、クリエイティビティに重きを置いているかなどは、お店によって違うでしょう。

私は、ペアリングはワインの原価率だけで勝負しているのではないと考えています。一つ一つの料理にどんなドリンクを合わせるか、コースのバランスを考え抜き、試飲を重ねて時間をかけて検討します。その分の金額をペアリング料金に含めるのは、自然なことだという考えです。逆に、それだけの対価をいただくのだから頑張って作ろう、ぎりぎりまで考え抜こう、ともなります。お客さまから「この店のペアリングはいつもおいしい」と安心感を持ってもらえるように頑張り、それが将来のリピートにつながっていけば、これ以上のことはないわけです。

Q. 失敗しがちなことは？

料理よりも強いドリンクを用意してしまう

ペアリングのドリンクは、単体で飲んでもおいしいことと、料理との味の力関係のバランスがとれていることが前提です。ですが、私の経験上でも陥りがちなのが、「おいしいドリンク」「いいドリンク」を意識するあまり、料理に対して強すぎるドリンクを選んでしまうこと。また、料理と同じ方向性の香りや味わいのドリンクばかりを選び、起伏のないコースとなってしまうこともありがちです。いずれも料理の印象を弱め、満足度を上げきれないペアリングになりかねません。それを防ぐためにも、料理の味わいとのバランスを最優先に考え、飽きさせないペアリングを作っていくわけです。

その際、とくに高価格帯のレストランで起きうるのが、料理と味わいはマッチするものの、ペアリング価格に対してドリンクがカジュアルすぎるというケース。たとえばタケノコの天ぷらのようなシンプルな料理は、繊細な味わいのためブルゴーニュの高級ワインでは強すぎ、日本酒や旨味がのったナチュラルワインのほうが料理を高められます。仮にペアリングの予算に余裕があったとしても、コースのすべてに高級ワインを合わせることは難しい場合もあるのです。そうした場合は適材適所でカジュアルワインも用いながら、味わいとして効果的な部分で高級ワインを使うことで価格のバランスをとり、起伏のあるコースを作るのが私の考えです。

Q. 食前酒をどう扱う?

自由度のある「一歩引いた提案」がベター

Ăn Điでは食前酒はペアリングコースに組み込んでいません。お客さまそれぞれに、その日の「最初の一杯」として飲みたいドリンクがあるのではと思うからです。とくにディナーは一日の仕事を終えてから来店する方が多く、リラックスする目的で一杯飲みたいこともあるでしょう。ですから食前酒は気分や好みに合わせて選んでいただき、お通し的なミニバインミーと一緒に楽しんでもらいます。

当店でおすすめしているのは、看板メニューの自家製シロップのレモンサワーと、国産のジンで作ったジンソニック (ジンをトニックウォーターとソーダで割ったもの)、ビール党の方には国産のクラフトビール、もちろんシャンパーニュの用意もあります。いずれも炭酸なのは、胃を刺激して食欲を湧かせる効果を期待してのことです。またバインミーのようなサンドイッチは一口の量が多くなるので、ごくごくと飲める低アルコールのドリンクであることもおいしさにつながります。シャンパーニュはそこまで低アルコールではありませんが、バインミーのパンのイースト香との相性の良さを楽しんでもらうことができます。

料理との相性を考えているという点では、食前酒もある意味ペアリングとして用意していますが、お客さまが自由に選べる余地を残した「一歩引いた提案」です。このワンクッションを入れることで、後に続くグッと踏み込んだペアリングをより楽しんでもらえると思います。

Q. 用意しておくとよいものは？

味わい以外の需要に応えられるドリンク

ドリンクの世界でも、サスティナビリティ、宗教、食の信条など、世界の抱える課題やグローバル化への対応の必要性は高まっています。私の店では、これらに関しては、取り立てて「対応している」と発信はしていません。理由は、ペアリングを構成できるほど、そうした課題に対応しているドリンクの数が市場に揃っていないからです。ただし、それはワインなど産業全体の課題のため、参画できるものはしたいと考えていますし、意識のある生産者や業者をリスペクトしています。今私ができるのは、お客さまから、もしもそうしたドリンクがあるかと尋ねられたときに、提案できる状態であることです。たとえばカーボンフリーでワインを生産している生産者、コーシャ、ヴィーガンなどの信仰・信条のある方がそれに対応したドリンクを求めた時に、提供できる準備はしてあります。時代に合わせて変化する需要にどう対応するかもお店のスタイルの一要素で、それがお客さまの満足度や安心感につながると考えています。

ペアリングのスキルを
上げるには、合う組合せだけでなく、
合わない組合せを知ることもとても大切です。
ドリンクも食もさまざまな種類を経験し、
味わいの特徴を理解するにつれ、
味と味、風味と風味の多様なおいしい組合せの
基本がわかってきます。その中で
自分がよりよいと思った世界を大切にすることで
ペアリングの個性ができあがり、
追求する過程でスキルも上がっていきます。

おわりに

「銀座レカン」のシェフソムリエになった2009年から、コース料理にワインを一杯ずつ合わせるデギュスタシオンコースに力を入れてきました。

当時の料理長だった高良康之シェフと一緒に、季節の移ろいとともに変化する食材で作るフランス料理に、さまざまなワインを実際に合わせました。その時に、それまではどちらかというと地域性や素材との相性のよさのみで語られてきたペアリングが、味わいを主体に考えることで、こうも完成度を高められる可能性があるのかと実感しました。

すでに多彩な料理のスタイルが確立していた時代です。今後、ペアリングは"素材"ではなく、"料理"に合わせるものだと確信を持ちました。そして、ペアリングの楽しみのポイントを明確かつ簡潔にお客さまにご説明することが、最終的にペアリングを完成させるソムリエにとっての必要条件だと考えるようになったのです。それが、ロジックペアリングの出発点でした。

現在、ペアリングはレストランを訪れるお客さまにとってワインと食事を楽しむ主要な手段の一つです。ソムリエやドリンク担当の皆さんは、ドリンクだけでなく、ぜひさまざまな料理やお菓子を食してください。その経験が、より精密なペアリングの可能性を広げてくれると思います。

「ロジカルペアリング」の考え方は、ワインだけでなく、その他のアルコールやコーヒーやお茶など、ノンアルコールドリンクにも対応しています。家庭では気軽に、レストランではより突き詰めて、食とドリンクの相性の世界を楽しんでみてください。

2023年7月　大越基裕

thank you♥

【参考文献、資料】
『ワインの香り：日本のワインアロマホイール&アロマカードで分かる! 』
東原和成、佐々木佳津子、渡辺直樹、鹿取みゆき、大越基裕 著／ 2017年／虹有社

『風味の事典』
ニキ・セグニット（Niki Segnit）著、曽我佐保子、小松伸子 翻訳／ 2016年／楽工社

『香りで料理を科学するフードペアリング大全：分子レベルで発想する新しい食材の組み合わせ方』
ベルナール・ラウース（Bernard Lahousse）、ピーター・クーカイト（Peter Coucquyt）、
ヨハン・ランゲンビック（Johan Langenbick）　著、
石川伸一 監修、和田侑子 翻訳／ 2021年／グラフィック社

『コクと旨味の秘密』
伏木 亨 著／ 2005年／新潮新書

『清酒のにおいとその由来について』
独立行政法人 酒類総合研究所／ 2011
https://www.nrib.go.jp/data/pdf/seikoumisan.pdf

Jancis Robinson.com
https://www.jancisrobinson.com

【協力】
内藤千博（Ăn Đi前シェフ）
後閑信吾（SG Group ファウンダー／バーテンダー）
米澤文雄（No Code オーナーシェフ）
サガマリアージュ推進協議会

大越基裕
Okoshi Motohiro

1976年北海道生まれ。バーテンダーとして飲食業界に入り、ソムリエを志し渡仏。帰国後ソムリエ資格を取得し、2001年より「銀座レカン」に勤務。2006年に再度渡仏、ブドウ栽培と醸造を3年間学ぶ。帰国後、「銀座レカン」シェフソムリエを経て2013年に独立。以来、ワインテイスター／ソムリエとして、年間十数回の海外出張で世界各国のワイナリーやレストラン、また国内の蔵元を巡りながら、最新情報をもとに講演、サービス教育、執筆の各分野で活動する。

2017年、「Ăn Đi」(東京・外苑前) を開業。2020年開業の「Ăn Cơm」(同・広尾) と合わせて2店のモダンベトナム料理店を経営。

現在は、ミシュラン三ツ星店からカジュアル店まで幅広いレストランでドリンクペアリングのコンサルティングを担当。ワインに加えて日本酒や焼酎などの国酒にも精通し、大手航空会社のドリンクアドバイザーやアンバサダー、国際品評会IWCでのワインと日本酒の審査員などを務める。オンラインワインコミュニティ「The Wine Station」共同主宰。地元北海道で農業にも携わり、北斗市でワインを軸にした農泊施設の開業を準備中。

Ăn Đi (アンディ)　　　　　　　Ăn Cơm (アンコム)
東京都渋谷区神宮前3-42-12　　東京都渋谷区広尾5-4-16 EAT PLAY WORKS 2F

http://andivietnamese.com

ロジカルペアリング
レストランのためのドリンクペアリング講座

初版発行　　　2023年8月15日
3版発行　　　2024年9月10日

著者©　　　　大越基裕

発行人　　　　丸山兼一
発行所　　　　株式会社 柴田書店
　　　　　　　〒113-8477　東京都文京区湯島3-26-9　イヤサカビル
　　　　　　　電話　営業部　03-5816-8282 (注文・問合せ)
　　　　　　　　　　書籍編集部　03-5816-8260
　　　　　　　URL　https://www.shibatashoten.co.jp
印刷・製本　　TOPPANクロレ株式会社

ISBN 978-4-388-06363-5
Printed in Japan